[日] 三浦展 著
陆求实 戴铮 译

下流社会

一个新社会阶层的出现

The Emergence of a New Social Class

上海译文出版社

图书在版编目(CIP)数据

下流社会:一个新社会阶层的出现/(日)三浦展著;陆求实,戴铮译.—上海:上海译文出版社,2018.9
(2019.1 重印)
ISBN 978-7-5327-7906-2

Ⅰ.①下… Ⅱ.①三…②陆…③戴… Ⅲ.①中等资产阶级—研究—日本 Ⅳ.①D731.361

中国版本图书馆 CIP 数据核字(2018)第 131120 号

图字:09-2018-152 号

下流社会
一个新社会阶层的出现
下流社会
新たな階層集団の出現

[日]三浦展 著

陆求实 戴铮 译

出版统筹 赵武平
责任编辑 陈飞雪 叶晓瑶
装帧设计 宋 涛

上海译文出版社有限公司出版、发行
网址:www. yiwen. com. cn
200001 上海福建中路 193 号 www. ewen. co
上海景条印刷有限公司印刷

开本 890×1240 1/32 印张 8.25 插页 2 字数 132,000
2018 年 9 月第 1 版 2019 年 1 月第 4 次印刷
印数:27,001—35,000 册

ISBN 978-7-5327-7906-2/C·087
定价:48.00 元

目　录

译　序

《下流社会》：日本中产阶级的分崩离析

日本社会学家三浦展的《下流社会》一书面世于2005年9月，出版之后不到两个月的时间销量便突破40万册，上市五个月竟令人惊异地增印了14次，累积销量直逼100万册，成为当时日本最畅销的书籍。如此众多的日本民众将目光汇聚于低收入、低消费的"下流社会"，人们不禁要问：在曾经号称"一亿人口中流化"的日本，中产阶级难道已经分崩离析？"下流社会"真的已离我们越来越近？

日本社会向来以中产阶级居多、贫富差距较小为傲，但《下流社会》的作者三浦展却有感于日本社会的个人收入、学历、生活需求等差距愈来愈大，从而指出当今的日本正在从"中流社会"向"下流社会"转变。

他在本书的序言中写道，上世纪50年代至70年代日本经济高速成长期出生的所谓"新中间层"，眼下正出现"上流"与"下流"的两极分化，但由"中流"上升为"上流"的实属凤毛麟角，而由"中流"跌入"下流"的却大有人在。换句话说，日本的中流阶层正在经历着一个“下流化”过程。而年轻一代源源不断加入的“下流社会”，其最大的特征并不仅仅是低收入，更在于沟通能力、生活能力、工作热情、学习意愿、消费欲望等的全面下降，也可以说是“对全盘人生热情低下”。

“现在的年轻一代面临就职难的困境，好不容易有了工作，加班又成为家常便饭，真可谓苦不堪言。面对职业、婚姻等方面的竞争和压力，不少人选择不当事业和家庭的‘中流砥柱’，而心甘情愿地将自己归入‘下流社会’的行列。”三浦展一语道破了“下流社会”形成的背景。

从《下流社会》一书所提供的数据来看，日本在泡沫经济时代，个人年收入600万到1000万日元才算是中产阶级，而2004年个人年收入低于600万日元的已占日本纳税总人口的78%，更有37.2%的临时雇员月薪不到10万日元。与此形成鲜明对照的是，一群年轻的创业者在网络科技、创业投资等新兴行业成功掘金，三四十岁便跻身亿万富翁的行列，他们个性极其张扬，生活极度奢华。因涉嫌做假账而锒铛入狱的“活力门”公司前总裁堀江贵文和靠网络拍卖起家的“乐天”社长三木谷浩史等即是其中的代表人物。

三浦展1958年出生于日本新潟县，从一桥大学社会学系毕业后在PARCO公司从事市场信息杂志的编辑工作，担任过杂志主编，后进入日本著名的民间智库三菱综合研究所，1999年辞职创办了Culture Studies研究所，专门从事消费文化课题的研究，在家庭关系、青少年以及城市化问题等方面取得了令人瞩目的研究成果，备受各界关注。《下流社会》甫一面世，也立即引起日本主流媒体的高度关注,《朝日新闻》《每日新闻》等大报纷纷刊载书评,称该书好似一条醒目的标语,令人们不得不直面正在悄然发生的社会变化。日本两大周刊之一的《POST 周刊》和以世态分析见长的《SPA! 周刊》则分别以《你也沦入“下流社会”!》《“下流社会”的脚步》为题,煞有介事地宣扬了一整套“下流社会”的处世之道。

这些媒体的评论普遍认为,通过《下流社会》一书可以清楚地看到,自小泉纯一郎出任日本首相之后,为纾解泡沫经济遗留下来的1000兆日元财政赤字,采用了自由开放的小政府管理模式,令整个社会贫富两极分化加剧。如今的日本社会只容许少数富人或有才华的人成为赢家,其他出身平庸的人即使拿着贬值的学位,也都会被打入“败组”,就像多达500万人的自由职业者和至少60万人的“NEET 族”(既不上学也不工作的特殊人群),他们没有固定的收入保障,也没有相应的社会地位,不易积攒财富,所以才会贫者愈贫,翻身无望。

针对《下流社会》中对于日本社会阶层贫富两极分化日益加剧的冷峻分析,《读卖新闻》的评论认为,在少数IT精英和商界名流醉心于高档时髦的都市生活的同时,类似于喜欢在便利店里阅读廉价周刊的“散漫一族”这样的低收入人群正在不断壮大,还有越来越多的人加入了自由职业者的大军。《下流社会》一书揭示的正是中产阶级分崩离析之后,日本社会各阶层之间无法实现相互理解与沟通。用三浦展的话来说,那就是“井底之蛙”在不断增加。他借用养老孟司在超级畅销书《傻瓜的围墙》中的观点,指出因互联网而变得“缩小的世界”里不经意间筑起了一道“傻瓜的围墙”，人们只跟与自己相同的人来往，而将其他阶层的人拒之门外。

《下流社会》谈的不是艰涩难懂的社会发展理论，而是以大量的调查资料为基石，以消费市场为切入点，完整地剖析了日本社会各阶层的价值观及消费模式、思维差异。作者没有从主观臆断出发来评判“下流社会”的好坏，而是真实地、全方位地揭示这股社会的暗流，从个人认知的差异以及自我意识形态的滑落来探讨“下流社会”现象。

诚如三浦展在接受《读卖新闻》记者的采访时所言，对“下流社会”不能简单地以好或者不好来加以判断，但当时日本社会阶层的分化还只是处于开始阶段，随着中产阶级的日益崩溃，各种社会矛盾也将接踵而来。在全球化的今天，“下流社会”的现象已非个别发达国家所独有，下流阶层的出现对于任何向往建设和谐社会、实现可持续发展的国家来说其实都是灾难，因而也很值得我们关注和警惕。如何应对社会结构的失衡、如何消除贫富分化，也许会成为一个旷日持久的系统工程。

前　言

你属于下流阶层吗？

首先，让我们来做一个关于“下流指数”的小测试。在以下12个项目中，如果你的实际情况与其中一半以上项目相符合的话，那么，你就已经属于下流阶层的一员了。

1. 年收入不足自己年龄的10倍[1]
2. 不考虑将来的事情，快快活活地过好每一天
3. 觉得人应该活出自己的色彩
4. 期望只做自己喜欢的事情，而不想虚度此生
5. 事事嫌麻烦、不修边幅、生活不规整
6. 喜欢自己一个人独处
7. 生性朴实，不喜欢标显、不出众
8. 服饰不追逐流行而是展现自我风格
9. 觉得做饭吃饭是一件很麻烦的事情

1　此处是按照日元计算得出的结论，年收入以“万日元”计。

10. 经常吃零食和快餐

11. 待在家中玩一整天电脑游戏或上网而不会厌倦

12. 未婚(男性 33 岁以上、女性 30 岁以上)

下流阶层的出现源于社会的阶层分化。收入的两极分化,导致学习机会以及学习能力的不平等,结果,社会阶层之间的互换流动性越来越差,社会阶层分化形成固定化的倾向,同时不同阶层的“期望差距”也日益扩大,最终作为一个新的社会阶层集团而催生了下流阶层。近年来,学者们在这一领域发表了不少结果类似的研究报告。

这一倾向充分说明,今天的日本正在从“中流社会”向“下流社会”转变。

从“中流化”转向“下流化”

自战后的 50 年代后期至 70 年代前半期,日本经历了一个社会飞速发展的时期。如本书后面还将论及的,一直到 19 世纪 50 年代,日本还是一个由极少人数的上流阶层(不工作却能够维持富庶奢侈生活的地主、资本家等富人阶级)与人数众多的下流阶层(无论怎样辛勤劳动也摆脱不了贫困生活的穷人)所组成的等级化社会。而随着经济的高速增长,日本出现了一些被称为“新中间层”的社会阶层,并且逐年增多,主要是那些工薪阶层,他们虽然并没有太多的个人财产,然而收入却年年增加,使得他们拥有一种生活水平能够不断向上提升的期待。在这些新的中间阶层当中,从“下流”上升至“中流”的人数增加尤为可观，故此整个社会呈现出“中流化”的倾向。

可时至如今，由于前面所述的社会等级分化，这部分中流阶层正在日益减少，逐步两极分化成上流阶层和下流阶层。自然，虽说是向两极分化，但由“中流”上升为“上流”的实属凤毛麟角，而由“中流”跌入“下流”的却大有人在。换句话说，日本的中流阶层正在经历着一个“下流化”过程。

需要说明的是，本书中的“下流阶层”并不是指平常意义上所称的“下层”。因为说到“下层”，一般是指那些吃了上顿顾不了下顿、过了今天不知道明天，挣扎在温饱线上的弱势人群，的确，类似这样的人群近年也有增加的趋势，但本书所探讨的“下流阶层”基本上相当于“中流阶层中的下层”。这类人虽过着衣食无忧的生活，但是与真正的中流阶层相比却仍然缺少些什么。在上世纪 60 年代，一个家庭如果没有电视机的话是够不上中流阶层的，但是现在，即使下流阶层的家庭照样可以拥有 DVD、电脑等家电产品，因此单从物质的角度来看，下流阶层是绝对称不上贫困的。

那么，下流阶层缺少的究竟是什么呢？那便是一种生活的热情。简言之，对“中流”缺少意欲的人，从“中流”中脱离出来的人，或者从“中流”跌至更低水平的人，统统应归为下流阶层。

另外需要说明的是，本书中多处使用“上流”这个词，其含义也应专指“中流阶层中的上层”，而非指那些饱食终日，仅仅靠利息、红利便可过着安逸生活的富人阶级。

欲望低下、能力低下者即“下流”

“下流社会”又是指什么样的社会呢？在具体描述之前，有必要比较详细地了解一下国民生活的概况，尤其是必须了解国民的消费模式和生活样式。

不过遗憾的是，经济学家或社会学家所进行的阶层研究中却罕有关于消费的专门研究。鉴于此，笔者将根据2004年11月和2005年5月所进行的独自调查，来对阶层意识中的消费行为的差异进行分析。本书从第三章起，将对上述调查结果进行概略的介绍，从中可以清晰地看到，在目前年龄约三十多岁、被称为“团块次代”的这一代年轻人中所显现出来的“下流化”倾向。

由于这一代人群人口众多，他们如何行为，其社会意识如何，对于社会及消费的发展趋势必将产生莫大的影响。在后面我们将会看到，这一世代中，尤其是在这一世代的男性当中，生活水平居于“中下流”或者“下流”的人数特别多。

阶层意识不单单是由一个人的收入以及资产等所决定的，它还取决于这个人的学历、职业等因素，而且不仅仅受到个人收入、资产、学历、职业等因素的影响，它还受到父母的以上诸因素的影响。更令人感兴趣的是，调查结果还显示，个人的性格、价值观、兴趣、幸福感、家庭关系等也深深地介入到阶层意识的形成过程中。

本书一开头的“下流指数测试”正是基于这些调查结果而

设计的。从测试所包含的项目中也可以看出，所谓“下流”不仅仅是收入的低下，其人际沟通能力、生活能力、工作热情、学习意愿、消费欲望等也全都较之一般人更为低下，概而言之，即是对于全盘人生热情低下，其结果直接导致收入很难得到提高，单身的比例也极高。在这类人群中，疲疲沓沓走路、松松垮垮生活的人不在少数，因为这样的生活态度毕竟来得轻松些。

团块次代是日本进入中流社会之后出生的第一代人，因此自团块次代以后的世代都没有目睹过悬殊的社会贫富差异。在都市郊外的新兴住宅小区里，年龄相仿、收入相近的人，居住在式样雷同的房子里，开着相似的汽车，所有人看上去都差不多，一副小康即安的样子，而这被视为是理所当然的事情。因而从根本上就缺乏从“下流”向“中流”提升自己的志向，从“中流的中层”向“中流的上层”靠拢的意欲也极其淡薄，甚至从来就没有考虑过会不会从“中流”跌至“下流”。他们就是在这样的环境中长大起来的。

为什么人类要不断攀登险峰？是因为期待着险峰之颠有令人惊奇的美景。倘若已经攀登至七成的高度，并且明知险峰之巅根本没有什么美景，而七成高度的地方却是山花烂漫、乱云飞渡、美不胜收，那么谁也不愿花费气力去攀登峰顶。下流阶层的不求上进就跟登山是一个道理。

如今，廉价商店里以低得令人讶异、不禁怀疑自己眼睛的低廉价格出售各色商品，名家演奏的古典音乐名曲 CD 只售 100 日元。这样的时代，松松垮垮照样能够生活，努力工作的人却可能会被讥讽为傻瓜，因此，便有越来越多的人松松垮垮地生活着。

然而，以团块次代为中心的年轻世代今后将继续生活下去的这个社会，已经与以往的社会迥然有异了。同一届大学毕业的人，在同一家公司工作，刚过三十来岁收入差距却已经成倍拉开了。说得极端些，现在的社会只有少数的企业精英分子，却拥有大量无固定职业的自由打工者、失业者以及无业者。当整个社会形成一股上升气流时，即使个人缺少上升意欲，也可以在不知不觉间随大气流一同上升，而当整个社会不再处于上升期的时候，只有上升意欲极其强烈并且拥有一定能力的人才能最终得到上升，不具备上述动力的人便只有跌落了。

面对这样的时代，年轻的世代其价值观、生活、消费今后将会发生怎样的变化？这便是本书所要探讨的课题。

关于世代用语的界定

本书主要是从世代的角度来分析社会阶层的问题，故将有关世代的用语在此先作一界定。

“团块世代”

一般作为第一次育婴潮世代的同义语而使用，狭义上指自1947年至1949年每年新生儿高达270万的这三年中所出生的约861万人，广义上有时也指自1945年至1952年前后出生的人群，即日本在二战后的最初几年当中出生的人群。假设从1947年算到1951年，出生人数共1253万人，现在仍有1087万人在世。但在本书后面将要叙述到的调查中，只以 1946 年至 1950 年出生的人群为调查对象（参照三浦展著《团块世代综述》）。

“团块次代”

一般作为第二次育婴潮世代的同义语而使用，即指 1971 年至 1974 年间所出生的人群，当时每年约有 200 万新生儿出生，4 年间共出生约 800 万人。这一代人很容易因望文生义而被误认为是团块世代的下一代，但笔者根据厚生劳动省发表的“人口动态统计”，证明第二次育婴潮世代的父母亲多数并非团块世代，故而给这一世代起了一个名字：“伪团块次代”，但在本书中仍沿袭社会的一般称呼，将自 1970 年至 1974 年前后出生的人群称为“团块次代”。不过，在后面将要叙述到的调查中，则是以 1971 年至 1975 年出生的人群为调查对象（参照三浦展著《1400 万人的团块次代将成为市场中核》）。

“真性团块次代”

笔者依据厚生劳动省发表的“人口动态统计”，析出了团块世代所生育子女比例最高的世代，即 1973 年至 1980 年出生的人群，这些人群中有超过 50% 以上的人为团块世代的下一代，因此姑且将这一世代称为“真性团块次代”。笔者还注意到，团块世代的男性所生育的下一代尤其集中在 1975 年至 1979 年间，因此这一人群可谓是最名实相符的“真性团块次代”（参照三浦展著《无房一代》）。

“新人类世代”

“新人类世代”是一个在人口学意义上无法定义的世代，即使是在一般意义上，也不存在一个内涵清晰的界定。最早提出这个名称的应该是笔者曾经供职过的PARCO公司所属的市场营销杂志《ACROSS》，在它的1984年第6期中，将1968年前后出生的人群称为“新人类”，从此得名。现在，从社会经济发展的视角出发，笔者将新人类世代定义为：日本经济高速发展时期出生的人群。一般社会学家将1955年至1973年这段时期称为日本经济高速发展时期，但笔者建议将其间“国民收入倍增计划”发表至达成的1960年至1968年间出生的人群定义为新人类世代，换句话说，新人类世代是在日本经济发展最为迅猛时期出生的世代。后面所引用的调查则以1961年至1965年间出生的人群为调查对象（参照三浦展著《新人类，做父母！》）。

“昭和初年世代”

昭和初年世代指的是昭和元年至昭和九年（1926—1934年）出生的人群，1955年至1973年经济高速发展时期他们正值20—40岁，不仅见证了日本的经济腾飞，也是支撑日本经济飞速发展的中坚力量。新人类世代则是昭和初年世代（尤其是男性）的下一代。后面所引用的调查以1931年至1937年出生的人群为昭和初年世代的调查对象。

本书所援引的调查概要说明

昭和四世代欲求比较调查(以下简称“欲求调查”)

调查日:2004 年 11 月 12 日(星期五)—30 日(星期二)

调查方法:寄送问卷法(问卷回收与一部分面对面访问并用)

调查对象:东京都及周边三县居住者共计 800 名,下记世代各 200 名

昭和初年世代　1931 年—1937 年出生人群

团块世代　1946 年—1950 年出生人群

新人类世代　1961 年—1965 年出生人群

团块次代　1971 年—1975 年出生人群

问卷发放方法:根据 2003 年 1 月(千叶县为 4 月)各都县发表的男女各年龄组的人口,从上述各都县中抽取样本

问卷回收数:共寄送 1150 份,回收 929 份,其中有效问卷 861 份,从中从各世代组各随机抽取 100 名

调查实施者:(株式会社)Survey Research Center

统计分析:(株式会社)e-FALCON

调查策划及组织实施、综合分析:Culture Studies 研究所

第一次女性阶层化调查

调查日：2005 年 5 月 18 日（星期三）—22 日（星期日）

调查方法：网上在线调查

调查对象：东京都及周边三县女性居住者共计 2000 名

其中：18—22 岁　500 人

23—27 岁　500 人

28—32 岁　500 人

33—37 岁　500 人

调查对象选取方法：将东京都及周边三县划分为 6 个地区：东京都市中心 23 区、东京郊区、横滨及川崎市、神奈川县除横滨川崎以外的地区、埼玉县、千叶县，根据平成十二年（2000 年）10 月全国人口普查的结果，推算出 6 个地区上述各年龄段的居住者人数比例以及 6 个地区的未婚率和已婚率，按照其比例选取上述各年龄段的调查样本数。同时，参照 Attractors Lab 株式会社"日本未来人口推计"（2001 年推计）的数据，假设 23—27 岁的未婚率为 3%、28—32 岁的未婚率为 5%、33—37 岁的未婚率为 5%，各年龄段的未婚率都呈上升趋势，因而对各年龄的调查样本数进行了微调。

调查实施及统计分析：（株式会社）Think To

调查后援：（株式会社）读卖广告社

调查策划及组织实施、综合分析：Culture Studies 研究所

第二次女性阶层化调查

调查日：2005 年 6 月 21 日（星期二）—26 日（星期日）

调查方法：网上调查

调查对象：东京都及周边三县女性居住者共计 600 名

其中：18—22 岁　150 人

23—27 岁　150 人

28—32 岁　150 人

33—37 岁　150 人

调查对象选取方法：同第一次调查

调查实施及统计分析：（株式会社）Think To

调查后援：（株式会社）读卖广告社

调查策划及组织实施、综合分析：Culture Studies 研究所

第一章　从“中流化”转向“下流化”

40%的人群将沦为下流阶层?

现今,日本的贫富分化正在拉大,有人预测今后还将更加扩大。

根据厚生劳动省的“收入再分配调查”,收入的基尼系数[1](测量社会财富不平等程度的指标,如财富分配平等基尼系数趋近于0,财富分配不平等则趋近于1)从1999年的0.433上升至2002年的0.498(见表1-1)。而一个国家的基尼系数达到0.5以上,即意味着国民总收入的四分之三集中在四分之一的高收入人群身上,现在的日本可以说基本上已经处于这样的状态。经过社会保障体系再分配之后的基尼系数日本为0.322,美国为0.368,英国为0.345,法国为0.288,瑞典和德国均为0.252。同以上几个经济发达国家相比,日本的贫富差距更加接

1　基尼系数(Gini coefficient):美国经济学家阿尔伯特·赫希曼于1943年根据洛伦兹曲线所定义的判断收入分配公平程度的指标,基尼系数是比例数值,在0和1之间,是国际上用来综合考察居民内部收入分配差异状况的一个重要分析指标。

近美国和英国的水平(见图1－1)。

表1－1　收入再分配的收入差距纠正效果(基尼系数)

(%)

	收入	再分配后收入		税收调节后的再分配收入(收入－税收)		社会保障再分配后的收入(收入＋实物支付＋社会保险金支付－社会保险)	
	基尼系数(A)	基尼系数(B)	改善度$\left(\frac{A-B}{A}\right)$	基尼系数(C)	改善度$\left(\frac{A-C}{A}\right)$	基尼系数(D)	改善度$\left(\frac{A-D}{A}\right)$
1990	0.4334	0.3643	15.9	0.4207	2.9	0.3791	12.5
1993	0.4394	0.3645	17.0	0.4255	3.2	0.3812	13.2
1996	0.4412	0.3606	18.3	0.4338	1.7	0.3721	15.7
1999	0.4720	0.3814	19.2	0.4660	1.3	0.3912	17.1
2002	0.4983	0.3812	23.5	0.4941	0.8	0.3917	21.4

(注：1999年以前的实物支付仅有医疗一项，2002年则包含医疗、护理、保育)
资料出处：由厚生劳动省进行的"平成十四年度收入再分配调查"

图1－1　收入再分配后的收入差距之国际比较

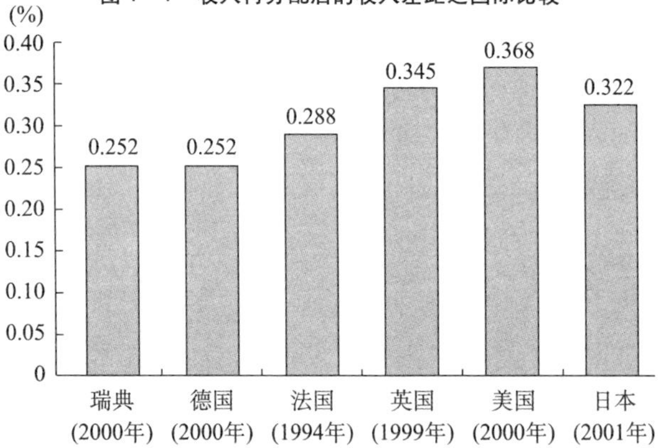

(注：上图中日本为等价再分配收入的基尼系数，其余国家则为等价可支配收入的基尼系数)

资料出处：日本的数据引自平成十四年(2002年)收入再分配调查结果(厚生劳动省)，其余国家的数据引自 Luxemburg Income Study

此外，从经济学上来分析，近年来贫富差距拉大的原因据说主要在于因为高龄者日益增多，而引入成果主义对30—50岁年龄段人群的影响尚未得到确认（参照大竹文雄著《日本的不平等》）。与高龄者的收入差距相比较，成果主义所导致的收入差距往往只限于大都市圈民营企业中的白领阶层，因此从整体来看其影响并不显著。

但事实是，对大都市圈民营企业的白领阶层来说，成果主义所导致的收入差距已经开始拉大了，并且毫无疑问今后还将继续扩大。

进行式中的年轻人群“下流化”

阶层分化问题研究的先驱者之一、东京大学研究生院副教授佐藤俊树曾将男性在职者的收入划分为4个梯级，将其阶层意识划分为“上”“中上”“中”“中下”“下”5个梯级，分别调查其对于自己的阶层归属感。1975年各个阶层在阶层意识上无甚差别，50%以上的被调查者都回答“中下”，但到了1995年却发生了戏剧性变化，收入最高、占全体20%的人群中有50%回答自己属于“中上”（参见佐藤俊树著《00年代的社会等级差别游戏》）。

由此，笔者以为完全可以做这样的假定，即今后全体日本人中的10%～20%——即使取中间值也有15%的人群——会认为自己不再属于中流，而属于中上流阶层。

为了验证这一假定，让我们来看一看内阁府的“国民生活意识调查”（图1-2）。可以看出，近年来国民的中流意识的确

图 1－2　中流意识的变化

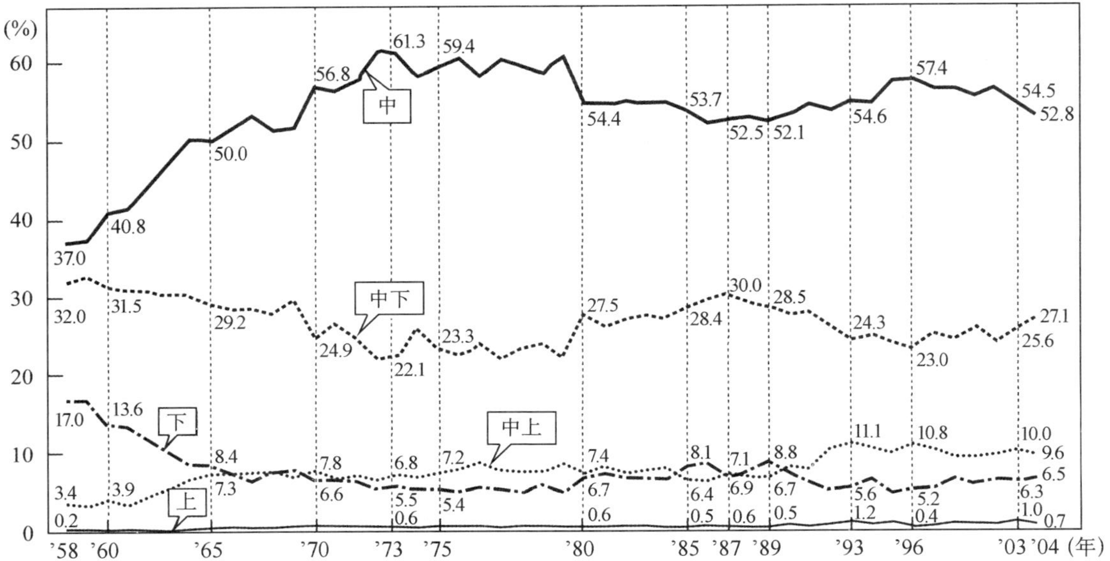

（注：1962 年 1 月及 1963 年 1 月的调查中没有进行此项提问。1967 年 2 月—1969 年 1 月的历次调查中调查对象为家庭户主和从事家务劳动的人员）资料：内阁府《日本生活世论调查》

发生了变化。关于阶层意识的访问题目是:“你的生活水平与社会上一般人相比处于什么水平?”对这一问题,回答“中”的人数比例1996年是57.4%,而2004年则减少至52.8%;反之,回答“中下”的人数比例则从1996年的23.0%增加至2004年的27.1%,回答“下”的人数也从5.2%微增至6.5%,“中”与“中下”两者合计从28.2%增加至33.6%。

无疑,“中下”和“下”的人数现今仍然在增加。上世纪80年代后期日本“泡沫经济[1]”的时候,也曾出现过“中下”及“下”的人群显著增加的现象,不过当时“中”的人数却没有较多增加,“中上”的人数也几乎没有变化。例如1987年回答“中”的人数为52.5%,与此相对回答“中下”的人数增至30.0%,同时回答“下”的人数为7.1%,后两者相加合计有37.1%,比2004年的比例还要高,但当时回答“中上”的人数却只有6.9%。1987年至1996年期间,“中”由52.5%增加至57.4%,“中上”也由6.9%增加至10.8%,相反的“中下”则由30.0%减少至23.0%。换句话说,这十年间全体国民都具有较为强烈的上升意识。

到了1996年以后情况却发生了变化,“中”的人数减少,“中下”及“下”的人数增多,同时“中上”的人数大体维持在

1 日本在1980年代后期到90年代初期出现的一种经济现象。1985年9月“广场协议”后日本进入金融超缓和时代,以本币计价的国内资产特别是虚拟资产大幅飙升,资本市场、不动产市场投资之风愈演愈烈。1990年起日本政府收缩银根,采取一系列紧缩性宏观政策,最终导致经济泡沫的破灭与崩溃,日本经济出现大倒退,此后进入了平成大萧条时期。

10%左右不变。这是自战后以来首次出现的倾向，它说明并非是全体国民普遍具有下降意识，而应该认为，它说明了只有“中上”以上的人群仍然维持在较高的水平。这也从国民意识的角度印证了阶层差别的逐步扩大。

从中流化的“1955年体制”到阶层化的“2005年体制”

从上述意义上来讲，日本社会正处于一个剧烈转变的时期，即从战后的经济增长体制“1955年体制”朝着完全不同的社会体制进行转变。

所谓“1955年体制”，是指1955年日本自由党与民主党两大保守党派合并成立自由民主党后，形成在以后相当长的时期内由自民党一党执政的政治体制，政治学中称之为“1955年体制”。

“1955年体制”在政治上是东西方冷战时代的产物；在经济上则正好与日本经济高速成长时期相契合；而在消费方面，这个时期又是大众消费社会不断发展，中流社会逐渐扩大的时期。换一个角度讲，所谓“1955年体制”也可以理解为是这样一种体制，即对于社会积聚起来的财富，不再只由少数资本家阶级、权力支配阶级独占，而是让更加多的国民来参与进行平均分配，从而构筑一个中流人群占大多数的社会。也就是说，“1955年体制”所追求的是社会财富的平均分配，是全社会所有人群的“中流化”。

让我们再来看看前述的“国民生活意识调查”。1958年，

“中下”与“下”的回答者合计共49%。

1958年发生了什么事情？这一年中，东京塔建成，“美智子热”[1]狂卷日本，富士重工的“斯巴鲁360”甲壳虫家庭轿车、本田技研的“超级幼兽”摩托车、日清食品的鸡味拉面等相继面世，让人真真切切看到了一个大量生产、大量消费的时代的到来。

到了1973年仅“中”的比例即达61.3%，短短15年时间，日本已经从一个等级悬殊的社会转变为贫富差别不甚明显的中流社会，超过60%的国民认为自己属于中流阶层。

然而，2005年以后的日本社会预计将不再会有较大的经济增长。对于大部分国民来说，虽然期盼着尽快摆脱经济不景气，并且消费欲求不低，但有消费欲求并不意味着追求阶层的进一步提升以及经济的增长，因为占社会大多数的人群都是中流阶层，因此也催生了一种新的价值观，即不再谋求更进一步地缩小贫富差距（参见今田高俊著《后摩登时代的社会等级差别》）。

在这样的境况中，继续追求社会财富的平均分配、追求社会所有人群“中流化”便失去了价值，于是人们开始追求对自己来说最舒适的生活、最合适的消费，这种新的价值观已经渐露端倪。正因为如此，评论家森永卓郎所著的《年收入300万日元的

1　1958年，日本皇太子（现任明仁天皇）与正田美智子发表婚约。作为首次从民间挑选的皇太子妃，美智子从与皇太子交往开始就受到媒体的强烈关注，两人打网球的照片出现在各种报纸杂志上，带动了网球运动在日本的大流行，美智子打网球时所穿的网球服、发带、胸饰等也成为一时的时尚服饰，并引发全国范围持续不衰的连锁消费狂潮，被称之为“美智子热”。

轻松潇洒生活经济学》一书大受追捧,畅销不衰(森永先生自身的年收入超过3000万日元,这似乎有点讽刺)。

人人以年收入700万、800万甚至1000万日元为生活目标的时代已经成为遥远的过去,至少是几年前的事情了,如今年收入300万日元也能活出自己的精彩来,所以持有这种想法的人越来越多。当然,如果有人要追求年收入3000万日元,认为那样才是最适合自己的生活,并且进行高风险的投资,动辄牟利数十亿,那也不关我的事情,别人喜欢不断提升自己的阶层则由他去好了,本人绝不妄加评论,只要我自己最低限度的生活有所保障就可以——这类人群的心理便是如此,觉得自己目前的生活并无什么不当,并且也不想随别人一同再提高。

换言之,“1955年体制”所追求的“一亿人口中流化、平等化”的社会模式已经发生了动摇,转变为“阶层化、下流化”的新模式。

这种转变实际上自上世纪80年代起就已经潜移默化开始了,只不过当时还处在高消费社会阶段,取代“1955年体制”的新的社会模式尚未清晰地显现出来。而现在,随着经济不景气、高龄化、人口持续减少等社会结构性的剧烈变化,家庭、教育、雇佣等生活各个方面的具体的变化也渐次明朗,新的社会体制模式便越来越清晰地展现在人们面前了。

“中流化”模式面临失效

如上所述,原先似乎坚不可摧的中流阶层呈现出了向“上”

"下"两极分化的倾向。如果这种倾向是真实的话，那么收入差距一定也会对消费产生巨大的影响。在中流化的时代，众多日本国民为了确认自己的中流阶层身份而抑制了某些消费。从生产的角度来说，象征着中流身份的某些商品会发生滞销，事实上已经出现了滞销。

在中流化的时代，较之仅仅针对一小部分富裕阶层销售高档商品的欧洲模式，针对日益增多的新中间阶层以较低廉的价格销售优良商品的这部分销售额更为庞大，利润也更加高。

假设销售同样的商品，例如就以男性的西服为例，上流阶层（这里将"上"与"中上"合计为"上"）的经济实力可购买价格高达10万日元的西服，中流阶层的经济实力可购买大众化的价值7万日元的西服，而下流阶层（同样的，这里将"中下"与"下"合计为"下"）的经济实力则只能购买价值仅3万日元的西服。如果整个西服市场的规模为100万人，1958年"上"为3.6%，"中"为37.0%，"下"为49.0%（见图1－3），由于被调查者中含有未回答的无效样本，故合计不等于100。将数字略作调整使之合计正好为100，则"上"的比例为4%，"中"为41%，"下"为55%。于是有：

10万日元×4万人＝40亿日元

7万日元×41万人＝287亿日元

3万日元×55万人＝165亿日元

总销售额为492亿日元。

图 1-3　中流意识的变化之一(1958—1973 年)

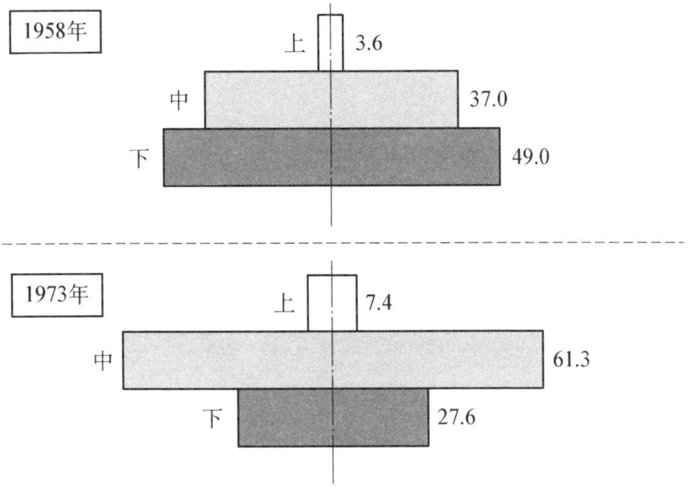

资料出处：数据源自内阁府进行的“国民生活意识调查”，由 Culture Studies 研究所绘制

1973 年进入到中流化社会后，“上”所占的比例为 8%，“中”为 64%，“下”为 29%，则有：

10 万日元×8 万人=80 亿日元

7 万日元×64 万人=484 亿日元

3 万日元×29 万人=87 亿日元

（注：小数点后采用四舍五入的方法，故合计不等于 100）

总销售额为 615 亿日元。这主要是由于仅能够购买 3 万日元西服的下流阶层中有一大部分人上升为能购买 7 万日元西服的中流阶层，消费能力大大提高的缘故，因而总销售额增加了。

在这样的中流化社会发展趋势中，日本的家电行业、汽车行业、服饰行业以及其他所有行业的销售额都得到了惊人的增长。

因此说,日本的企业擅长于生产制造面向中流阶层的商品,而却拙于生产制造面向上流阶层的商品。但由于整个社会的中流化结构已经发生了变化,故此针对中流阶层的中流化模式势必将不再是唯一和有效的了。

针对上流阶层的销售需运用“上流化”的策略

但是,今后中流阶层的人数势将越来越少,倘使其中一部分人群进入上层的话,那么,专门针对上流阶层生产制造商品和销售商品的策略将尤显必要。

如前所述,1996 年以后中流阶层的人数减少,下流阶层的人数增加,而上流阶层的人数基本保持不变或略有增加。我们假定到 201×年,上流阶层的人数增加至 15%,中流阶层的人数减少至 45%,下流阶层的人数增加至 40%(见图 1-4),又会出现怎样的情形呢?

10 万日元×15 万人=150 亿日元

7 万日元×45 万人=315 亿日元

3 万日元×40 万人=120 亿日元

总销售额为 585 亿日元,较 1973 年时的中流化模式呈现减少的结果。不言而喻,这是因为中流阶层中人数有所减少而造成的,“中流”的销售额总共减少了 133 亿日元,而“下流”的销售额仅增加 33 亿日元。不过,“上流”的销售额却增加了 70 亿日元,几乎增加了近一倍。

图1-4 中流意识的变化之二(1973—201×年)

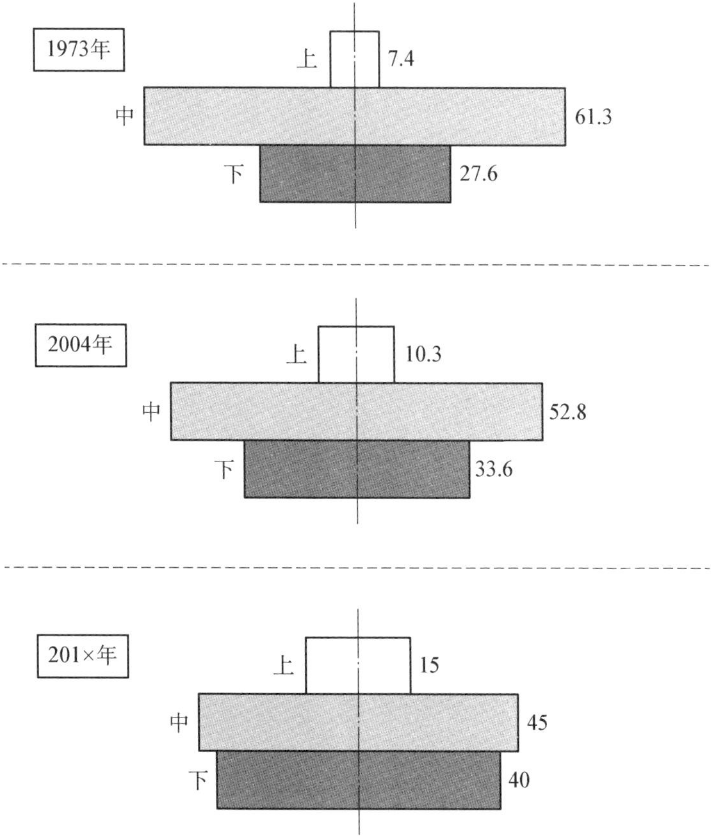

资料出处：数据源自内阁府进行的“国民生活意识调查”，由三浦展绘制，其中201×年部分由 Culture Studies 研究所绘制

然而，看看百货商店的实际销售数字可以发现，自“泡沫经济”崩溃以来，几乎每年都比前一年有大幅的减少，其幅度远远不止是从 615 亿减少至 585 亿。这可能是由于通货紧缩造成的，原本能够购买 7 万日元商品的“中流”渐渐向“下流”靠拢，只能购买 5 万日元的商品了，这也就是一般所称的“优衣库现象”。

这样的话,实际销售额则为:

10 万日元 ×15 万人 =150 亿日元

5 万日元 ×45 万人 =225 亿日元

3 万日元 ×40 万人 =120 亿日元

合计销售额为 495 亿日元,仅为 1973 年模式的 80%。考虑到百货商店业的销售业绩比“泡沫经济”时代还要减少 3 至 4 成,因此基本上就是属于这一模式。这其实是因为市场已经从“中流社会”向“等级化社会”或“下流社会”转变了,而生产者的生产制造模式以及商业经营者的销售模式却仍然停留在中流社会的模式上,以这种不变的模式来应对业已变化了的市场,销售额减少也是理所当然的了。简单来说,就是百货商店销售额的逐年减少,其实是从 1973 年模式向 201× 年模式转变失败的结果。

如果想使销售额回升,百货商店又该如何做呢?

倘若“中流”和“下流”都能恢复至购买得起原来价格水平的商品的话自然是再好不过了,但即使是这样,总的销售额仍然是减少的,因为“中流”的人数减少了。如果将“中流”的商品价格由 7 万日元提高至 8 万日元,将“下流”的商品价格由 3 万日元提高至 4 万日元,结果会如何?消费者会购买吗?显然是很困难的,且不说“下流”的人群很难接受,就是“中流”的人群其意识也已经下流化了,他们变得只愿意选购便宜的商品。

究竟应该怎样才能提升销售额?还不如提升“上流”的商品价格。假设将商品价格由 10 万日元提升为 15 万日元,则

15 万日元×15 万人=225 亿日元

5 万日元×45 万人=225 亿日元

3 万日元×40 万人=120 亿日元

总销售额为 570 亿日元,仍然未及 1973 年模式的销售额。如果想要超过 1973 年模式的销售额,必须设法使上流阶层的消费者能够购买 20 万日元的西服(或者购买 2 件价格 10 万日元的西服)。

20 万日元×15 万人=300 亿日元

5 万日元×45 万人=225 亿日元

3 万日元×40 万人=120 亿日元

合计销售额为 645 亿日元,如此方才能够超过 1973 年模式的销售额。可见,要将中流阶层人数减少所造成的销售额减少部分弥补回来有多么困难。

从 1955 年的"皇冠"到 2005 年的"雷克萨斯"

我们注意到,向 15% 的上流阶层消费者销售价值 15 万日元的西服的销售额,与向 45% 的中流阶层消费者销售价值 5 万日元的西服,其销售额完全相同。这是理所当然的,人口只有后者的三分之一,而商品单价为后者的三倍,自然销售额等同。显然,从利润的角度来讲,针对上流阶层进行销售所获取的利润要多得多。如果上流阶层消费者每人购买 20 万日元的商品,则合计销售额总共多出 75 亿日元,这 75 亿日元恐怕都是纯利润吧(见图 1-5)。

图 1－5　假设向 100 万名男性销售西服……

1958年

等级化社会模式

上　10万日元×4万人＝40亿日元
中　7万日元×41万人＝287亿日元
下　3万日元×55万人＝165亿日元

合计＝492亿日元

1973年

中流社会模式

上　10万日元×8万人＝80亿日元
中　7万日元×64万人＝448亿日元
下　3万日元×29万人＝87亿日元

合计＝615亿日元

201X年

等级化社会一般的模式

上　10万日元×15万人＝150亿日元
中　7万日元×45万人＝315亿日元
下　3万日元×40万人＝120亿日元

合计＝585亿日元

等级化社会通货紧缩的模式

上　10万日元×15万人＝150亿日元
中　5万日元×45万人＝225亿日元
下　3万日元×40万人＝120亿日元

合计＝495亿日元

等级化社会针对富裕阶层的模式

上　20万日元×15万人＝300亿日元
中　5万日元×45万人＝225亿日元
下　3万日元×40万人＝120亿日元

合计＝645亿日元

在中流阶层人数逐渐减少的大趋势下，以中流阶层为消费的主要目标群并非最佳策略，而必须进一步瞄准上流阶层人群，因为只有这样，才有可能扩大销售额并且创出利润。现在的日本已经开始进入到这样的时代了。如此，从中流社会向等级化社会（即下流社会）的转变，使得原先的生产及经营模式失效，因而不得不探索和适应新的模式。

然而，日本的企业却存在一个致命的缺陷：整个体系都围绕着一个固定的模式运作，这个模式只是为了数量庞大的中流阶层生产和销售大量的商品，人们可以看到日本企业中的生产流水线都是按照这样的模式设计和设置的，加上企业员工人数过多，因而只能追求低利润率以保证扩大销售。

随着社会等级化的进一步加速，再也不可能像以前那样将目标消费群锁定在“中流”的人群身上，并为此目标而大量生产，必须要采取新的战略，例如针对上流阶层的消费者就必须要有适合“上流”的专门商品。

过去，以“中流”人群为目标消费群确实能够实现销售额及利润的最大化，因为向“中流”的人群销售 10 万日元的商品，假设转向“上流”人群却要实现同样的总销售额，就必须销售出 80 万日元的商品，这在那时是不可能的事情。

但是今后，只需针对“上流”人群销售 30 万日元的商品，就可以实现同样的总销售额，况且利润率会更高，而这样做却将变为可能。丰田汽车公司于 2005 年 8 月起开始生产和销售的“雷克萨斯”高级轿车正是这一战略的产物。2003 年改装后重新营业的伊势丹百货绅士馆也大胆地迈出了高级化路线的一步。在此之前，百货商店的男士服饰铺面简直就是专为中流阶层的科长、部长们而设计的卖场，伊势丹绅士馆的改装可以说是在瞄准“上流”人群的基础上，成功地实现了差别化。

丰田汽车公司的“皇冠”轿车推出于1955年，与“1955年体制”同时登场，其后，从“花冠”到“光冠”再到“皇冠”，丰田汽车公司成长为一个产品线丰富的大型企业，其产品的逐步升级也正好为当时的阶层上升提示了一种经典的消费模式。从这个意义上说，“皇冠”轿车可以说是日本“一亿人口中流化时代”的一个象征。

如今，丰田汽车公司却专为一小部分富裕阶层推出了“雷克萨斯”高级轿车，毫无疑问，它不可能像“皇冠”车那样畅销，因为现在已经是“2005年体制”的时代了。

第二章　阶层分化导致消费人群的分化

阶层化社会的价值观

如果第一章中论述的阶层分化日益扩大的话，国民势将日渐分化成数个各不相同的阶层集团。以此作为前提，我们还可以得出以下的假设：

1. 具有阶层上升志向的人群较之以前有所减少，反之重视个人兴趣、NPO（非营利性民间组织）活动、志愿者活动超过重视工作和金钱等的人则有所增加；

2. 在阶层上升志向不甚强的人群中，不进入企业正规就业，而凭借自己的一技之长选择更加自由的工作形式的人将越来越多；

3. 依然有一定的人数像以前一样仍然怀有较强的阶层上升志向，特别是女性中怀有阶层上升志向的人还有所增加；而阶层上升志向较强的人群，大多选择进入重视个人绩效的薪资体系工作，例如外资企业或是高风险的新兴创投行业，以获取更多的劳动报酬；

4. 期望依靠丈夫的经济实力而跻身较高阶层、成为专职主妇的女性依然有着相当的数量。

女性的分化

根据上述前提，我们以是志在提升自己的阶层还是只想维持现状，是重视职业还是重视个人的兴趣（女子则是重视职业还是志在做一名专职家庭主妇），作为两个坐标轴来分析男性与女性分别是如何分化的，当然只不过是假说性质的。

上世纪80年代前期，女性的生活方式以成为一名家庭主妇最为典型，俨然是多数派。但随着1986年《男女雇佣机会均等法》实施后，从事和男性一样的工作并且获得较高薪水的女性多了起来。另一方面，以自由打工者或派遣雇员的形式从事各种工作的女性也有所增加，不愿结婚的女性也开始增多。女性的生活方式着实变得丰富多彩起来，从另一个角度也可以说是女性日渐分化了。

让我们尝试着用图示来描述女性分化的现状（见图2－1）。

以下关于男女消费者的描述未必全都是根据调查数据进行划分的，只是笔者基于自己多年的市场研究经验以及调查访问而归纳出来的，其中部分则在某种程度上，有第三章以后所介绍的调查数据可资佐证。

图2-1 女性的分化

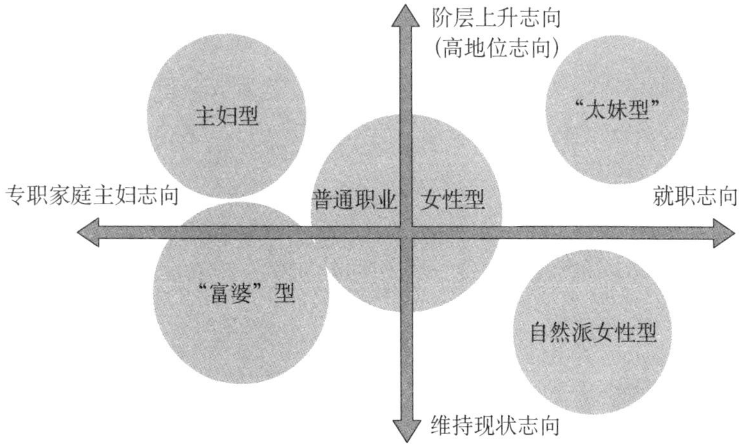

资料出处：Culture Studies 研究所绘制

(1) 专职家庭主妇型

在日本进入经济高速增长期以前，真正能够成为专职家庭主妇的，只限于一小部分出生于富贵之家的女性。但自经济高速增长期之后一直到80年代，由于只要与普通的工薪阶层男性结婚，便可以保证具有一定程度的生活水平并且有望不断提升，因而渴望成为专职家庭主妇的女性人数大增，几乎涉及分布于各阶层的全部女性。

事实上，在《男女雇佣机会均等法》实施以前，从高中或是大专毕业后进入企业，以"办公室里一朵鲜花"的形象给男性同事做些事务性辅助工作，然后遇到一个对自己一见钟情的男性，

午后在青山大街上悠闲散步的有钱人家的主妇

称心如意地结婚、退职，这便是许多女性梦寐以求的理想人生。但是《男女雇佣机会均等法》实施以后，女性读完四年制大学，毕业后进入企业与男性从事同样工作的生活方式受到鼓励，而专职家庭主妇的生活方式则因完全是以男性为中心的，女性失去了其独立性，故而在一段时期内饱受微词，甚至被少数人蔑为“傻瓜”。

政府取消了被认为是鼓励女性甘当专职家庭主妇的配偶补贴，税收调节部门内甚至还出现了“专职家庭主妇是缺少生活热情的寄生虫”这样的论调，因而近年来专职家庭主妇的名声不太好。尽管如此，对于女性来说，进入富裕家庭当个专职家庭主妇至今依然具有极大的吸引力。何况经济久久摆脱不了不景气的窘境，收入增加越来越困难，在这样的现实境况中，人们对未来的富庶安逸的生活越来越不抱奢望。因此，专职家庭主妇的生活方式可以说正是最大限度地利用了女性的自身价值，是确保生活稳定的一种最具有战略性的生活方式。

近年来“名古屋富家媛”[1]越来越受到关注的原因便在于此。她们都是典型的中产阶级或其他富庶家庭的子女，毕业于著名好大学或大专院校，凭借家庭的关系进入大型企业就业，也有的则在家帮助母亲从事家务，白天同母亲一起优雅地上街购物或研究食谱。她们的父母亲和她们本人一样，将能够维持当前的等级阶层和目前的生活水准，甚至有可能向上更提升一步的婚姻视作理所当然的事情。在消费方面，无论是汽车、住房还是时装、家居布置等，在所有方面都具有强烈的高级志向，唯高档是取。为了提高修养，维持当前的等级阶层，她们还在资格考试、英语学习等方面开销甚巨。

当个家庭主妇也难如愿

然而，能够令女性真正成为专职家庭主妇，换句话说，具有较强的经济实力，可以让女性毫无顾虑轻松辞去工作，并且今后仍有潜力使收入不断增加的高收入男性越来越少了。正如庆应大学樋口美雄教授所指出的，由于男性的收入差距日益扩大并逐渐固定化（参见樋口美雄编《日本的收入差别与社会阶层》），因而越来越多的男性希望女性结婚后仍然外出工作。国立社会保障和人口问题研究所进行的“第十二次出生动向基本调查”也显示，希望妻子结婚后在家当个专职家庭主妇的男性 1987 年为 38%，而 2002 年却下降至 18%。

1　名古屋富家媛：爱用名牌、喜欢穿着略显保守的服饰、使用粉红色来点缀服饰、发梢向内侧卷曲的一类时尚女性，因名古屋地区较多此类女性而得名。——原注

因此，志在当一个专职家庭主妇的女性，其人生理想得以实现的可能性比之以往任何时候都要低。但尽管如此，即使不考虑亿万富翁，大多数女性还是希望至少男性的年收入要在 700 万日元以上（见表 2－1），可是符合条件的男性毕竟只是少数，人人志在必得，于是便勃发了争夺理想男性的战争。

表 2－1　女性（18—37 岁）对结婚对象年收入的要求（n＝600）

（%）

400 万日元以下	400 万日元—	600 万日元—	800 万日元—	1000 万日元以上
7.2	29.0	29.7	16.3	17.8

（注：回答者中包含已婚者）资料出处：由 Culture Studies 研究所、读卖广告社共同实施的“第二次女性阶层化调查”

要想在这样的争夺战中胜出，女性必须容姿出众，或者是性格可人，或者是家境良好，又或者是聪明过人。如果不幸以上各方面皆不如人意的话，就只好委屈一下自己，嫁个年收入较低的男性为妻；倘若不甘心，便不得不选择独身生活，在相当长的时间里像个“干物女”[1]似的过着寂寞而无聊的日子。

现场采访：“聪明有前途的东大生可以考虑结婚”

被访者资料：21 岁，某著名私立大学 4 年级，现与父母亲同住于埼玉县，父亲是地方公务员，母亲是兼职家庭主妇，年收入

1　干物女：出自日本漫画《萤之光》，女主人公雨宫萤二十多岁放弃了恋爱，平日每天下班回家后便沉浸在漫画中，一边翻看漫画一边独自轻斟慢饮，休息日则埋头被窝里呼呼大睡，这便是她最大的幸福，就像一件甩干了水分的晾晒物，青春不复，故称“干物女”。——原注

约 200 万日元(打工收入 + 父母给的零用)

我在女性杂志社打工,写些化妆品方面的报道。收入每月 15 万,父母每月给我大约 3 万生活费(眼下因为忙于毕业就职,杂志社工作暂时休止一段时间)。毕业后希望进杂志社工作,即使大出版社进不去,中型出版社也行,因为我从中学生的时候起就梦想进出版社当一名编辑,从事杂志出版方面的工作。

由于工作的关系,我对于社会中流行的东西、公众关注的话题很敏感,打工挣到的钱几乎全都用在了时装上面。至于外出吃饭,我经常去那些可以使用 *HOT PEPPER* 杂志上的折价券的饮食店。

我喜欢名牌,价格贵的东西到底是品质好,使用再长时间也不会觉得厌。我喜欢“爱马仕”的包。中学一年级的时候用的“路易·威登”钱包是我用的第一个名牌,是当时还在读书的哥哥到国外去旅游买回来送给我作礼物的。母亲倒不是特别喜欢用名牌,父亲则是完全没这个兴趣,不过他却喜欢开“Celsior[1]”高级轿车。我祖父死的时候,父亲得了一笔遗产,就买了“Celsior”,还把家里的房子也改建了。

说到食品一类,我觉得还是“虎屋”等老铺子的东西比较靠谱,特别是糕点之类绝对是老铺子的东西好。前几天,哥哥结婚送彩礼的时候,女方家回的礼也全都是老铺子的物品,给人感觉到底是体面人家啊。

---

1 1989 年至 2006 年期间,丰田汽车公司生产销售的高级轿车。

我的服饰是什么风格？跟年龄大的人会面时是淑女型的，跟朋友去海边玩的时候可以算是“太妹型”吧，不过我讨厌那种不修边幅的打扮。

我性格比较好强，不甘心落后于别人。初中、高中读的是私立女子学校，那是因为我的第一志愿落空才去读的，太遗憾了。我当时的第一志愿是东京女学馆，因为那里的校服太可爱了。

在初中和高中一直是成绩优良，本来可以免试直升大学的，不过我希望进比周围人更好的学校，所以还是参加升学考试，考进了这所名校，尽管很辛苦，但是使我彻底明白了努力和不服输的重要性。我不想自己免试直升大学后，将来看到别人读了更好的学校而羡慕和后悔。

结婚当然想啦。对对方的要求是希望年收入1500万以上，越多越好，医生或是律师都可以，年龄大我十岁左右也没关系。等有了孩子，我想当个专职家庭主妇。只怪我小时候，妈妈出去兼职工作，经常不在家，我一个人太寂寞了，所以才有这种想法。推一辆很大的婴儿车，把孩子放在车里，午后到“六本木山”[1]一带去散散步。（笑）

还有，我可以替那些上班的女性照顾孩子，多参加一些这类的社区志愿活动，因为我非常喜欢小孩。

自己的孩子打算从小学开始就让她读私立学校，然后我会

1　六本木山：位于东京都港区六本木一带的超高层建筑群，包括高档商业及文化设施、外资系大型企业总部和高级公寓，为东京的高档时尚地标，居住在这里高级公寓的富裕人士被称为“六本木族”。

穿得漂漂亮亮的去参加公开授课。还想作为一个富裕的家庭主妇上上电视节目。(笑)

不过如果是男孩的话,也许就不能让他从小学就读私立学校。我现在读的大学里有一个男生是从小学一路直升上来的,他说他想当一名美容师,一面读大学一面还在另外读专科学校。我绝不会允许我的孩子这样! 到底是为什么来读大学的? 要是这样的话,那还不如一开始就去读专科学校好了。

不过,我现在的男朋友是从美国留学回来的,他想当一名演员,听说他父亲也是一个不太出名的演员。我觉得他这样子不行。朋友们也劝我早点跟他分手算了,但是我们的性格很相配。

所以,我现在的不安就是能不能找到一份好工作,能不能嫁个好男人。去跟医生之类的人相过亲,但是全都性格合不来,自我中心、虚荣心太强、缺少共同语言。还有律师,感觉他们好像只有下半身欲望。当然,他们当中相对而言稍微好一些的,可以跟他们从朋友做起,慢慢了解。

即使不是医生或者律师也没关系,在外资企业或是贸易商社就职的也行。再有,我喜欢东京大学的学生,如果是东京大学毕业的,收入低一点也没关系,只要人聪明、成熟、有前途,可以考虑结婚。

(2)"富婆型"

1986年《男女雇佣机会均等法》实施以后,高学历、就职志向强烈的女性,主要是那些四年制大学毕业的女性,开始进入企业成为职业女性，从事与男性相同的工作，并获取与男性同等的薪水。这些女性如今的年龄在30—40岁之间，她们当中有的人年收入超过1000万日元，这部分女性被称为“富婆”。

追溯“Millionaise富婆”一词的起源蛮有意思的。它原是出版《你想成为百万富婆吗?》(*Six Figure Women*)一书的Discover出版社自创的词汇。Six Figure即六位数，也就是年收入10万美元级的意思，折算成日元，约相当于年收入1000万日元级，或者说月薪100万日元以上，能赚得如此高薪的女性才配得上“富婆”的称呼。虽然现实生活中富婆型的女性不少年收入只有500万左右，但是她们身上依然可以令人体味到那种豪富的感觉。

“富婆型”女性的特征是高学历、高职历、高收入，一般从事的都是医生、律师、税务师、会计师、咨询师等被人尊称为“先生”“士族”的职业(参照三浦展著《“自然派女性”的时代》)。

根据财团法人“社会经济生产性本部”的调查，新进入企业的女性员工中，雄心勃勃有志挑战科长以上直至社长(总经理)职位的女性占21%(见图2-2)。

“富婆型”女性的性格大多上进心极强，意志坚忍不拔，自我开发意识也较强。她们当中有许多是从小随父母长期居住在国外后归国的，或者有海外留学的经历及其他海外生活体验，许多人出身于东京都市中心西南部(目黑区、世田谷区、杉并区以及横滨市的青叶区一带)的富裕家庭，现在仍居住在这些高档社区，父母亲从事医生、律师等“先生”“士族”类职业的也很多。

图2-2 新进入企业的女性的升职志向

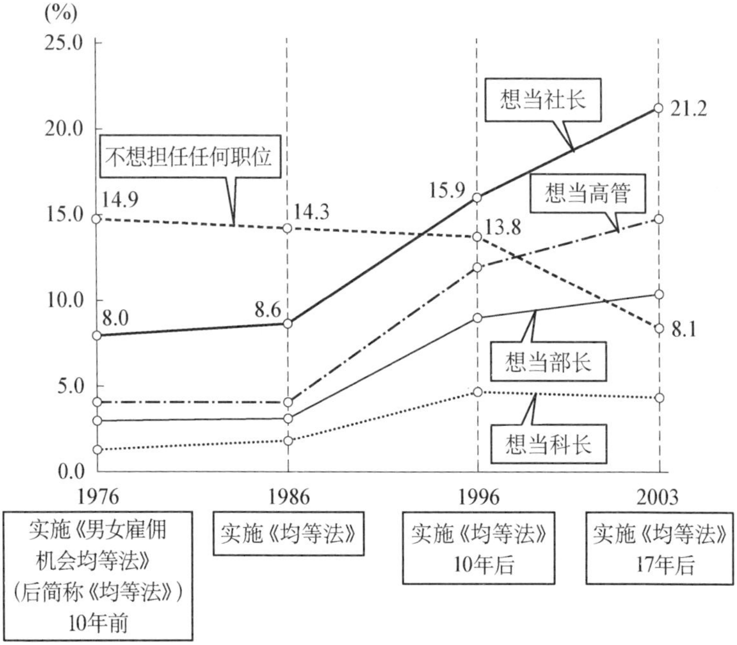

资料出处：财团法人“社会经济生产性本部”

她们中未婚、靠自己的财力购买市中心高级公寓的女性不在少数(据推算，在首都圈内购买公寓的未婚女性至少有1万人)，当然也有不少已经结婚，夫妇两人同时拥有自己的工作，并且育有子女。

“富婆型”女性的丈夫一般也都是高收入人群。这是因为高收入的女性在她们的人生中，在与大学同学、公司同事、客户等的接触过程中，遇到高收入的男性或具有高收入潜力的男性的机会要比普通女性多得多。

也有少数人原本是期望成为一名专职家庭主妇的，但由于某种偶然的机缘，而成为“富婆型”女性。对这类女性的现场访问显示出，她们其实是非常好强的，为了不断提高自己而不遗余力。一旦成为家庭主妇，她们也会在子女教育上倾注大量心血。

在消费方面，“富婆型”女性追求名牌、追求美食、追求时尚，其中有许多人每年花费在服饰上的费用超过100万日元。银座、青山等传统的时尚街区自不必说了，四谷荒木町、人形町、门前仲町一带极有个性的餐厅也经常可以看到她们出没其间。当感觉工作疲惫的时候，她们便会去海外旅行，平时则经常光顾美容院、美甲院、美体按摩院等。

日本桥一带美女激增之谜

虽然有画蛇添足之嫌，但下面这句话是我近期常问的一个问题，以此来唤起听者的注意。“你知道现在东京美女最多的地方是哪里吗？或许出乎你的意料，既不是银座，也不是青山，甚至不是涩谷，而是日本桥和二子玉川一带。”

自然，银座和青山地区向来是美丽的少妇及富家小姐聚集之地，但稍稍远离市中心的二子玉川拥有高岛屋购物中心，近年改装之后重新开张以来，其顾客层次之高远远超出市中心的许多百货商店。

而日本桥一带近年增多的倒不是年轻的美少妇或富家小姐，那是什么人呢？原来她们大多是在日本桥一带金融机构里工作的金领丽人、“富婆型”女性。那些女性理财师、股市操盘

精神抖擞地走在市中心街头的时尚女性

手、证券经纪人等，身穿“古弛”或“普拉达”的黑色西服，精神抖擞地走在日本桥街上的风景，让人立刻联想到好莱坞电影中的世界，其实在日本的金融街——日本桥一带也时常会映入眼帘的。

这些美女并没有一副盛气凌人的样子，也没有头发散乱地拼命工作，她们毕竟有钱，因而懂得将头发和肌肤保养得非常整洁漂亮。如后面的访问记中所写，她们工作起来可能会不顾一切地工作到很晚，而将孩子寄放在托儿所，但是每周仍然会学习烹饪，还坚持不断地上美容院以及英语教室。真是活力十足！二十多年前，桐岛洋子曾写过一本书叫《聪明的女人会烹饪》，借用一下她的话，现在的情形则是“聪明的女人会烹饪会化妆会英语”！

她们的消费广涉购宅、旅行、家具·装修、证券投资及不动产投资等。假如在外资企业就职的话,休假也较多,夏季休假有时长达一个月,因而身心两方面都很优裕。为了不断提高自己,她们花费在学习方面的费用较多,很多人拥有留学经验或希望今后去海外留学,这是为了取得国际律师或国际会计师的资格,在海外购买有独立产权的度假公寓的女性也层出不绝。

与此相比,涩谷一带从阶层的角度来讲则是最下流阶层的年轻人聚集的地方,现代社会的中心城区几乎都是如此。

现场访问:想跟丈夫一起去夏威夷打高尔夫

被访问者资料:35岁,著名私立大学毕业,在大型企业调查本部工作,父亲是大型贸易商社职员,年收入1000万日元,储蓄2000万日元

现在与丈夫和孩子三人生活在大田区租来的公寓里。每月房租25万,丈夫的年收入大约1200万—1300万日元,房租加生活费每月花销40万由丈夫出。我自己每个月储蓄40万日元,至今总共储蓄大约2000万日元,另外还有父亲给我的股票大概价值2000万日元。丈夫每个月储蓄不储蓄我不清楚。我开的车子是"宝马525",下次换的话我想换辆"雷克萨斯"也不错。我们现在还没有自己买房子的打算,因为我丈夫不太想买。

我特别喜欢购物。结婚之前每年大概要花200万日元用来买衣服,一般都在日本桥等地方的百货商店里买,或者是到海外旅行时集中买它个几十万日元的东西。还有就是花销在旅行和美食上,每星期一次跟女友去吃一顿8000日元左右的西餐,晚

上有时候会有男性朋友请客。旅行是每年两次，夏威夷或欧洲，去夏威夷是为了打高尔夫球，去欧洲则主要是购物。现在有了孩子需要照看，不大有时间购物了，不过每年还是会买衣服买掉100万左右，但是优衣库之类的东西我绝对不买！等孩子再大些，我就可以在高级餐厅花上两个小时好好吃一顿，还可以全家人一起去夏威夷，把孩子寄放在酒店里，和丈夫痛痛快快打高尔夫球。

我还喜欢烹饪，以前曾经学过怀石料理，现在正在学习中国料理。从今年起，我每星期去做一次美容美体，还坚持上外语学校学英语。

孩子是我现在的生存价值。我觉得女人结婚、生孩子是一种幸福，因为会在精神上产生一种安定感。

孩子是个男孩，我想让他成为一个适合穿白衬衫配灰裤子的孩子。他现在入托在托儿所，等他上中学了，我希望他上私立学校，或者到国外去留学也可以。我对农业、食品等比较感兴趣，将来有机会想参加一些NPO活动，听说夏威夷有为期三个星期的农业体验暑期班，我想让我孩子也参加这类活动，这样大人们玩起来也安心。

现在请了个家庭教师教孩子学钢琴，因为我小时候父母亲也让我学过钢琴，所以我想我的孩子也应该学学钢琴之类的。不能让孩子成天只知道看电视或是看碟片，要养成他读书的兴趣，不能排斥活字印刷的知识，应该成为一个热爱读书、文静大方的孩子。

以前我是做销售工作的，但是公司里没有一个女性前辈让我觉得她就是我十年以后的榜样。现在做的是市场调查工作，这方面倒是有榜样可以让我去学习。我想通过现在的工作不断丰富自己的知识，以后有机会再重返销售的岗位。

(3)"自然派女性型"

有些女性在四年制大学学习掌握了经济学知识后，并没有进入企业成为一名职业女性，而是希望凭借自己的一技之长，更加自由自在地工作和生活。

这类女性从学历方面来看，多为专科学历，而从所从事的职业来考察，则大多数是像美容师、宠物训练师、糕点师等需要专门资格的职业，或者是像设计师、音乐制作人等艺术创作性的职业。这类女性因为她们的服饰特征，姑且称之为"自然派女性"[1]（参见三浦展著《"自然派女性"的时代》），当然从其职业志向和人生目标来看，用更加通俗易懂的"一技之长派"来概括，或者从时装业界的角度称之为"街头时装女"应该也很贴切。

虽说是一技之长派，其实她们并没有很强烈的上进心和阶层上升志向，只是追求适合自己、能展现自己性格的工作，对于未来的人生，也没有很明晰的勾画和期盼。她们虽然期望着结婚生子，但并不想成为一个专业的家庭主妇，她们的服饰多是在郊外地铁车站大楼的商店或旧衣店里购买的，对于音乐、插画、

---

1 "自然派女性"是作者三浦展创造的一个词，指最早出现于原宿、下北泽等地，近年来人数日益增多的一个年轻女性族群，其服装风格以宽大随意、不按常理搭配、戴老派男性帽子为特征，价值观念则是我行我素、张扬自我、乐观、重视一技之长、不愿意当专职家庭主妇等（参见三浦展著《"自然派女性"的时代》）。

动漫等亚文化现象非常热衷。

近年来日益增多的“自然派女性”

不过，这类一技之长派的女性比之大型企业中的白领，一般来说收入要低，而且在现实生活当中，在她们成为一名出色的专业人士之前，往往遭受过许多挫折，不少人不得不以打零工谋生。

读了拙著《失去工作就是迷失自我》之后，某家专门面向美容院行业的杂志前来采访笔者。据这家杂志编辑部的人员介绍，如今美容院不断有新店开张，因此美容学校学生的就业率非常高，但是因为很多人不安心在小型美容院工作，或者即使进了大型连锁美容院也往往很快就会辞职，所以美容院方面不得不接连不断地招聘新员工，也正因为这样，才使得美容学校的学生就业率居高不下。

自然派女性最终的目标是拥有一个自己的店铺或一间工作室，以自由职业者的身份活跃在各自的领域，倘若这一目标无从实现的话，那么从三十来岁开始，她们中的绝大多数人与“富婆型”女性以及专职家庭主妇型的女性之间的收入差距将会越拉越大。

现场访问：钱够我过上普通人的生活

被访问者资料：23 岁，自由职业者（园艺）

——每年大约花费多少在购买衣服上？

——嗯……花费不算少，不过大概 10 万日元不到点吧。

——假设满分 100 分，你觉得跟一般的人比较起来，你的生活水平大约是多少分？

——一般的人？生活水平？你指哪方面？

——既有经济方面，也包含知识啦，生活质量或生活内容啦，还有修养、文化水准等，总之全部包括在内。

——哦，怎么讲呢？跟一般的人比较对吧？嗯……大概 50 分吧。

——理由呢？

——因为我从事的是园艺，虽然住在东京都内，也算跟大自然天天有接触。

——分数打得不高是因为什么负面的理由呢？

——负面的理由，大概是来自体力劳动吧。属于自己的时间比较少，还有因为是体力劳动，所以精神也很容易感觉疲劳。

——有没有觉得通过工作使自己的心情变得更加爽朗了？

——现在是快节奏社会，即使自己想多花些时间去做，但是不抓紧时间赶快做又不行，自己想做的事情却做不到，这点让人感觉很烦躁。

——是因为喜欢才决定从事园艺工作的吗？

——是的。

——对生活的满意度？

——大概30分吧。

——为什么只打30分？请告诉我正反两方面的理由。

——我来东京才刚刚一年半左右，融入到这个大都市当中，感觉自己真的学习和掌握了许多技艺。虽然很辛苦，但我对自己今天所取得的成绩还是感到很满意。

——负面的理由呢？

——其实我早就应该回老家去的。回到家里，就有一种生活在大自然中的感觉。以前我是在滑雪场工作的，在那里有一个朋友，后来她来东京了，跟我说房间还有空余，要不要我跟她一起住？结果，我本打算来东京玩玩的，却不想一待就是一年半。

——是不是就像到东京来留学或者游学的感觉？

——对对，就有点那种感觉。

——将来想从事什么职业？

——将来的事情……现在还不清楚。也许会从事农业吧，我对农业有点兴趣。

——结婚后也想一直工作下去吗？

——是啊，无论什么时候都希望心里有一个目标。虽然有些事情自己很喜欢，想按照自己的想法去做，但是还有其他应该做、不得不做的事情那就必须做好它，比如像对待家人啦朋友啦对自己很重要的人，我是非常认真的，绝不能含糊。当然也想报答父母的养育之恩。至于金钱嘛，只要能够我过上普通人的生活，我想也就足够了。

(4)“太妹型”

“太妹”这一称呼也是根据这个群体某些比较突出的外在特征而起的名字,不过本书所指的“太妹”不仅仅指其外观举止和服饰等,这一类型的女性在价值观、人生观上也有其独有的特征。

假如在涩谷109大厦前的街头,找一个这样的女性采访一下,你立刻就会发现,她们的内心其实同其花里胡哨的外观有着很大的不同,她们大多数人内心的家庭志向非常强烈。从外表判断,她们似乎与“想当一个专职家庭主妇”的类型截然无缘,但是她们中的许多人却渴望着二十二三岁便嫁作人妻,然后生两三个孩子,组成一个完美的幸福家庭。

在这些人群中,事实上有的女性确实年方二十二三岁就已经结婚甚至已经有了孩子,而且这些人大多是“奉子成婚”,丈夫多经济基础较差,夫妇之间究竟是否感情牢固且不去说,总之,大多数情形是夫妇双方都无固定工作,家庭收入也较低。

这类女性的学历以高中毕业、高中退学或者专科学校毕业的为多,但也有不少人是在专科学校学业难以继续,却又不想马上就业,即使就业也不久便辞职了,故而这类女性的职业大多数都不固定。从职业种类来说,最多的是服务行业,例如营业员、保育员、社区福祉关系的工作等,也有不少人沦落至娱乐场所工作。她们的父母亲多为蓝领阶层。“太妹型”的女性虽然向往早婚、专职家庭主妇、育儿,但是她们对于未来的人生却极少规划,也缺乏对未来的预见和判断能力。

“太妹型”的女性大多居住在大都市圈的郊外或中小城市

的郊外，消费则无论是日常用品还是高档品牌商品，统统在大型超市、各种折扣商店购买，外出吃饭多光顾那些价格低廉、建于郊外干线公路旁的连锁家庭餐馆，如“萨莉亚”“GUSTO”等。

“太妹”大多年纪轻轻便已结婚生子

“太妹型”的女性虽然向往当一个专职家庭主妇，但从其出身阶层考虑，她们与一流大学、一流企业中的男性接触机会很少，平时能够接触到的多数都是阶层较低的蓝领男性。假使遇见一个即便是建筑工人也好，快递员也好，或是拉面店的小老板也好，只要是安安分分、勤奋工作的男性，好歹也有可能过上比较安定、衣食无忧的生活，可惜她们最终大多是同低收入的男性结婚，结果婚后自己也不得不外出兼职打零工，但近年来计时零工的工资越来越低，因此夫妇两人的合计收入依然难以提高。

现场访问：孩子的教育之类不大考虑

被访问者资料：19 岁，保育专科学校 1 年级学生

——假设满分为 100 分，你觉得自己目前的生活水平跟一般的人比较起来大约是多少分？

——差不多是 30 分吧，因为我早上老是爬不起来，太懒惰了。

——那你对目前的生活的满意度是多少？

——40 分左右，因为父亲对我过于严厉，我想早点离开家。

——对结婚有什么打算？

——我想等专科学校一毕业马上就结婚，不过现在还没有男朋友。我想当一个专职家庭主妇，因为婚后出去工作的话，容易跟老公在生活上发生摩擦。希望生两个小孩，最好在 22 岁、23 岁的时候就生。

——你的兴趣是什么？

——书法、做糕点。

——食品一般在什么地方买？

——在便利商店里买，就在我打工的“罗森”，打工结束后顺便买一些。

——平时在什么地方买衣服之类？

——大宫的车站商场。

——品牌商品呢？

——在“丸井”大宫店里买。

——外出吃饭一般是在什么地方？

——大多是在宫原或日进的“萨莉亚”吃饭，日进的“萨莉亚”就在“SATY 百货店”前面。还有就是大宫的“First-kitchen”快餐店。

——关于今后的人生规划，还有职业升造等，你是怎么想的？

——要是能取得保育员的资格就好了。

——你希望你的孩子应该受多少教育？

——至少要读到高中，再往后就看他自己的愿望了，随他的便。说实在的，关于孩子的教育之类的事情我还顾不上考虑。

(5) 普通的职业女性型

上述四种类型的女性，相对而言特征比较突出，比较容易说明。然而在现实生活中，更多的女性却不属于以上四种类型中的任何一类，只是普普通通的工薪阶级一员。

具体来讲，她们虽向往当一个专职家庭主妇，但是却在争夺具有强大经济实力的优秀男性的战争中败下阵来（或者早早地便偃旗息鼓，退出了争夺的战场），至今未婚，只得埋头于工作，但是却不像“富婆型”的女性那样能够从工作中发现人生的极大乐趣，在工作方面她们既缺少意欲也缺欠能力。而且与“太妹”相比，她们的学历和知识却富余很多，却缺乏艺术家的审美气质以及自我表现欲望，因而也不可能从事自由自在的美容师之类的工作。

由于她们对需要一技之长的职业以及亚文化类的职业或多或少有所关心，因此为了创造更多自由的时间，她们有的会选择做派遣社员，读《练习与学习》[1]，上插花教室学习插花，上香熏教室学习香熏疗法，或者上福音书教室学习宗教，通过这些来发现自我，或找到心灵慰藉，或稍稍地张扬一下自己。但是她们却不会将这些技艺作为谋生的职业，等到某一天忽然意识到，重新回到现实生活当中来，于是又急急地去考会计资格啦簿记资格啦，等等，而当取得这些资格之后，却发现结婚离她们似乎愈加遥远了。

这样的女性实在不在少数，事实上这类女性才是最多数派。这里，我们姑且将这类女性统称为“普通的职业女性型”。

女性间的差别在不断扩大

以上五种女性类型，是根据其时尚特征、流行意识、杂志的阅读倾向，以及笔者平日的市场研究经验、市场调查、问卷分析等的结果归纳总结出来的，不单是反映了女性个人的性格和兴趣等，更反映了女性中正在不断扩大的阶层差别。

根据庆应大学樋口美雄教授的研究，通过对“家计经济研究所”实施的典型消费调查（1993 年对当时 24—34 岁的女性 1500 人所做的长期跟踪调查）结果进行分析，发现在丈夫收入较高的家庭中，同样收入较高的在职妻子人数近年来有所增加，以前的“高收入丈夫与专职家庭主妇”的传统组合开始崩溃，而“高收入丈夫与高收入妻子”的新型组合呈现出增多的迹象。

1　原文为『ケイコとマナブ』，介绍体验课或各类讲座的信息类杂志。

此外，如果仅观察女性的收入状况，则可以看到，基尼系数也呈上升趋势，尤其是在有收入的女性当中收入差距开始拉大（参见樋口美雄编《日本的收入差别与社会阶层》）。

女性之间收入差距的拉大，一方面是由于同男性一样从事企业管理和对外业务的女性人数增多，另一方面则是因为派遣雇员、兼职雇员、无固定工作的零工等雇佣形式的女性就业人数也在不断增多的缘故，而这些人是不会随着年龄增长而收入增加的。

另一方面，高收入丈夫与高收入妻子组合增多的原因无疑是因为“富婆型”女性的增多。“富婆型”女性总是与自己的收入及职业地位相适的男性结婚，同时不放弃职业，因而夫妇“双高”的组合便越来越多。如前所述，“富婆型”女性与男性接触的途径，无非是同一所大学的同学、同一家公司的同事、业务上的客户，或者是亲戚介绍等，通过这种途径认识的男性大多是高收入群的男性，所以，只要女性继续工作下去，必然就会诞生出夫妇“双高”的组合。

东京学艺大学的真锅伦子曾对日本劳动研究机构所做的“关于女性就业意识与就业行为的调查”的结果重新进行分析，发现了一个颇有意义的关系式：在妻子为企业正式雇员的前提下，丈夫的收入越高，妻子的收入也越高（参见真锅伦子“已婚女性的就业与家庭收入之间的差距及其前景”，收录在本田由纪编的《女性的就业与亲子关系》一书中）。

此外，大阪大学的大竹文雄也指出：“80 年代，男性的收入越低其配偶的就业率就越高”“进入 90 年代，这一关系越来越不明显，至 1997 年，丈夫的收入与妻子的就业率之间的负相关关系几乎已经观察不到了"。反过来说则是,妻子的收入越高,丈夫的收入也越高,这种正相关率近年来越来越高。1987 年,在丈夫年收入 700 万日元以上的家庭中,妻子年收入 500 万日元以上的比例仅为 4%,而 1997 年则上升至 8%(参见大竹文雄著《日本的不平等》)。

笔者与读卖广告社共同实施的"第二次女性阶层化调查"也得出了女性结婚前的收入越高,其结婚对象的收入也越高的结论。结婚前年收入 400 万至 599 万日元的女性,其配偶年收入超过 600 万日元的比例为 59.6%,而结婚前年收入 200 万至 399 万日元的女性,其配偶年收入超过 600 万日元的比例为 32.8%,结婚前年收入 200 万日元以下的女性,其配偶年收入超过 600 万日元的比例仅为 18.9%(见表 2-2)。

表 2-2 从女性结婚前的年收入看其丈夫的年收入

(%)

丈夫年收入 / 女性婚前年收入	n	400 万日元以下	400 万—599 万日元	600 万—799 万日元	800 万日元以上
200 万日元以下	58	48.3	32.8	15.5	3.4
200 万—399 万日元	110	25.5	41.8	17.3	15.5
400 万—599 万日元	52	3.8	36.5	36.5	23.1

资料出处:由 Culture Studies 研究所、读卖广告社共同实施的"第二次女性阶层化调查"

女性也要自己承担责任的时代

综上所述,女性间的收入差距正在日益拉大,并且这种差距不像以前那样，仅仅是由于丈夫的收入多寡所造成的。女性通过自身劳动所获取的收入，其背后事实上反映了由女性个人的学历、父母亲的所属阶层、自身的性格、容姿等各种各样因素所形成的生活模式之间的差距。

直到约三十年之前，由于男性社会构造而遭到歧视的女性们，仅仅因为自身是女性这个理由，便不得不接受歧视，被动地屈忍，做男性的附属品。从这个意义上讲，几乎所有的女性在一个相同的族群面前是完全平等的，女性可以因为同是女性这个理由而结成统一战线。因为是女性因而遭受不平等的对待，实际上表明作为个人的女性是不具有主体资格的，故此，所有女性之间可以说并不存在差别。

然而随着男女平等的推进，女性与男性之间的差别一点点被消除，女性与女性之间的共同性也随之分崩离析了，女性不再作为一个族群被强调，而是以无数个体的形式强调其存在价值，每个女性因其个人的学历、性格、容姿等各方面的条件而受到评价、比较甚或是差别对待。故此，女性为了争得个人的幸福，不得不各自为战，主动出击。

值得一提的是，这些学历、性格、容姿等因素，并不纯粹是个人努力的产物，在很大程度上它可能还是父母亲的所属阶层的产物。因而可以得出这样一个结论：现在的时代倒不是男女差别、女性与男性之间的阶层差别在扩大，而是女性与女性之间的差别正在不断扩大，再引申开来，则是由于女性父母亲所属的阶层性所造成的差别正在不断扩大。

只要就职成功就算跨入“胜组”？

对于男性来说，人生当中没有结婚退职这一幕，也不受《男女雇佣机会均等法》的影响，故此变化没有女性那样来得剧烈。尽管如此，由于成果主义的导入、创业者的增多、自由职业者的增多以及晚婚化等多方面因素的综合影响，迈入30岁的门槛之后，男性也同样会分化成数个不同的类型。

财团法人“社会经济生产性本部”每年对新进入公司的员工进行一次“劳动意识调查”。根据2005年度的该项调查结果，全体新员工中有77.1%的人认为自己在就职活动中属于“胜组”(调查对象共3910人，其中男性57%，女性43%)。

为什么仅仅是一次就职成功就让人觉得自己是胜利者了呢？这是因为，近年来就职情形一直就像处在冰河期一样，这样的冰河期长期化持续的结果，使得成功就职足以成为一件值得庆幸的事情，因而也助长了胜利者的意识。

从不同学历来看，这种“胜组意识”在大学(含大专)毕业生中的比例为84.0%，而在其他各类学校毕业生中的比例为88.9%，大学毕业生的“胜组意识”较其他人群为弱。这可能是因为大学毕业后，并不一定能够进入自己所期望的企业，在学历和就职企业之间出现的反差要大于其他人群的缘故。

此外，对于“在决定就职方向时，你是否想到过自己可能会成为一个无固定职业的自由打工者？”这一提问，全体被调查者中有35.6%的人回答“是”。其中，大专毕业生为44.4%，高中毕业生为43.1%，专科学校毕业生为39.6%，职业技术学校毕业生为34.0%，四年制大学毕业生为33.7%，技工学校毕业生为28.6%，研究生毕业的为25.6%，学历越低的人群中这一比例越高，与前面所述“胜组意识”有相通之处。这一数据可能说明，低学历的人群对于就职更加缺少自信，更加害怕成为一个无固定职业者，故此一旦成功就职，其安心感和满足感也更强，“胜组意识”自然也更强烈。

男性的分化

如今的时代已经单凭就职与否就可以决定“胜组意识”，再说得严重一些，甚至可以这样断言：年轻人群能否成功地就职，不仅反映了其本人的实力，还折射出其家庭所属的阶层。

事实上，根据“劳动政策研究机构”的调查，如果将15—34岁的年轻人群划分为正式雇员、非正式雇员、失业者和无业者四大类，则可以发现这样一种相关关系：包括父母亲在内的家庭全部人口的收入越高，本人成为企业正式雇员的比率也越高；反之家庭收入越低，本人成为无业者的比率也越高（参见劳动政策研究机构编《年轻人群就业支援的现状与课题》）。

换句话说，一个人若是想成为能够被企业作为正式雇员而录用的人，间接地取决于其父母亲的所属阶层和在这种阶层性的基础上形成的本人的价值观与生活模式等因素。因此，并非因为成功就职所以便是“胜组”，而是因其本来就是“胜组”所以才能够成功地就职。

广播大学教授宫本美智子在其著书《年轻一代堕落为“社会的弱者”》中指出,上世纪90年代以后,高中毕业后几乎100%都能够就业的雇佣体系彻底崩溃,故此年轻人群不再像90年代之前跟父母亲生活在一起的独身人士那样气定神闲,众多的年轻人堕落成为社会的弱者。

当然,并不是所有的年轻人群都堕落成为社会的弱者,他们也出现了两极分化,分化成弱者和强者两大类。出身于较高阶层的年轻人,可以从不间断地上私立中学以及课外补习学校,能够取得更高的学历,更容易找到一份好的工作。而出身较低阶层的年轻人,只能上公立中学,最终学历较低,大多读至高中毕业便不再继续深造,也难于找到好的工作,因此很容易沦为失业者或无业者。这种现实情况在前面提到的“社会经济生产性本部”的调查当中已经有所反映,因而说它是进行式决非危言耸听。

即便成功就职,年轻人所面临的状况也与以前大不相同。以前,相同学历的人进入相同企业的话,一直到40岁前后大家都是脚碰脚、半斤八两,不会有什么大的收入差距。而现在,30岁左右就开始显现出收入差距了,这真是一个残酷至极的竞争社会。故此,进入企业后早早地就必须做出决定:是拼命工作跻身管理职的候补队伍中,还是悠然自得地工作而不过多地考虑升职加薪,而这一态度决定又将会使男性分化成数个不同的类型(见图2-3)。

图2-3　男性的分化

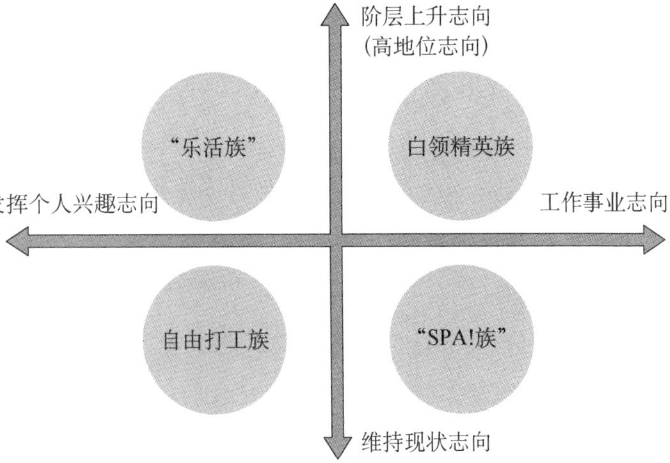

资料出处：Culture Studies 研究所绘制

(1) 白领精英族

白领精英族指较为传统的以高职位高收入为奋斗目标的“企业战士”。

这一类型的男性相对学历较高，性格积极主动，兴趣爱好也比较偏爱于外向型的比较动感的活动，如体育运动等，重视结婚、成家，将之与立业及成功放在同等位置，总之对于自己的人生目标明确，心无旁骛。

在就职方面，多选择一流大型企业，典型的有贸易商社、金融企业、IT 企业等。随着时代潮流的变化，他们也会与时俱进，其中选择外资企业或具有独立志向、自己创业的人也不在少数。

消费方面，住宅、家居布置、理财、旅行等涉及甚广，喜欢进口轿车，还经常会在互联网上“遨游”。

然而，白领精英们往往缺少自己独特的富有个性的价值观，对于社会上流行的、大多数人认为好的和向往的东西，他们会抢先一步入手装点自己，并从中体验到一种满足感。因此，白领精英族大多数青睐“六本木山”和由三井不动产开发的位于港区的高级公寓、宝马轿车、劳力士手表、豪雅手表这一类身份和地位标志极易识别的商品，上班使用的公事包几乎千人一面是“TUMI”或者“ZERO HALLIBURTON”。另一方面，对于文化性的物事却缺少浓厚兴趣，一般来说在学校参加的大都是体育俱乐部，毕业后投身于市场营销类工作，业余喜欢玩网球和高尔夫球。

在“欲求调查”结果的基础上进行的分组分析证实，30—40岁男性中约有10%属于白领精英族，尤其突出的是，在新人类世代的男性中有17%的人属于白领精英族（参考 Culture Studies 研究所与博报堂的共同研究课题“关于阶层化与目标市场的研究”）。

这类人群的阶层意识中，自认为属于“上流”的占27.2%，属于“中流”的占50.0%，属于“下流”的占22.7%；年收入700万—1500万的人占全体的45.4%，在所有分组中人数占第二位；对于生活的满意度在80分以上的人占全部被访问人数的50.5%，是所有分组中最高的。

被访问的白领精英全部已婚，其中由夫妇二人及孩子组成的家庭接近七成，妻子为大专毕业的占46%，有55%的人的妻子婚后不再工作，属于典型的传统家庭。在访问中，有超过40%的白领精英表示“希望妻子做一名专职家庭主妇，专心致力于家务以及教育子女”，这一比例在所有分组中也是最高的。

在工作当中，这一类型的男性大多信奉成果主义、能力至上，这部分人占了全部受访者的70%以上，而赞同终身雇佣、论资排辈等用人制度的则是少数，仅占13.6%。

他们的兴趣爱好多为音乐欣赏、听音乐会、乐器演奏、打高尔夫球和网球等，同时也不乏园艺、种花、DIY、木工制作、汽车旅行、野外露营等以家庭和家人为中心的活动。看电视则喜爱收看富士电视台的节目，这主要是因为他们二十来岁的时候正值日本相声的黄金时代，长期收看富士电视台的《滑稽男人》《想笑就笑》等相声节目所致。

他们没有心目中支持的政党，这反映了在新人类世代中非常典型的厌恶政治、远离政治的社会倾向。

对于生活中十分看重的事情，他们很少表现出创造性来，而较多的是考虑到身份、地位等。

对于“让你感到幸福的时刻是什么时候”这个提问，回答“跟家人在一起的时候”占被访问者的73%，回答“跟孩子在一起时”以及“跟妻子在一起时”也占了相当高的比例，这充分反映出白领精英族以家庭为重的群体特点。在对孩子的教育问题上，他们大多希望孩子能掌握好一门外语，尤其是对女孩子，更是有高达73%的被访问者怀有此希望。

在消费方面，有近七成的人会“对市面上成为话题的流行商品一一留意”，还有不少人表示自己有冲动消费的倾向——“真正喜欢的商品毫不犹豫地购买而不会考虑价格”“选择购买名牌商品”“一流商品在正规专卖店或百货商店里购买”，显示出这一类人群对于流行的敏感和消费意欲极强，同时也稍微有点虚荣爱面子的消费特征。如此说来，在他们还是学生的时候，有一本叫作《关于面子的讲座》的书曾经十分畅销。他们当中拥有豪雅表的人占23%，喜爱宝马轿车的更是占到了45.5%。

此外，家里拥有洗碗机、碗碟烘干机、DVD、光缆线网络接续设备等的比例也非常高，今后期望购买的商品还包括混合动力轿车、洗涤烘干一体式洗衣机、气旋式吸尘器、按摩椅、地暖式住房、数码影像设备以及定期海外旅游等，完全是按照生产厂商所宣传的模式消费，爱好新事物，勇于尝试消费新事物。

(2)“乐活族”

“乐活族”源于英文“LOHAS”。LOHAS是“Lifestyle of Health and Sustainability”的缩略语，意思是“健康而可持续发展的生活模式”，即所谓的“慢生活”人群。

拥有这一志向的人群相对具有较高的学历和较高的收入，不过出人头地、飞黄腾达的欲念却并不强烈。他们喜欢按照自己的人生节奏，从事自己喜爱的工作，即使是不喜欢的工作也完全能够做好，因为他们拥有足够高精的业务能力，这一点同为了追求自由而选择非正规就业的自由职业者截然不同。对于白领精英族的男性，他们则从心底里表示蔑视，认为后者缺少教养和社会责任心。

“乐活族”希望可以支配更多的时间用于自己的兴趣爱好，但由于工作繁忙无法如愿，因此实际上用于兴趣爱好的时间并不多，取而代之的是每天会抽出时间来阅读书报杂志，杂志一般爱读*SOTOKOTO*、*SARAI*等。

除了在单位努力工作以外，他们还对社会活动、非营利组织等非常关注，有时会纯粹以个人身份参加有关环境问题的讲座和讨论会。

“乐活族”当中夫妇双方各自拥有工作的人数略占多数，妻子一般学历都较高，并且不是那种“*VERY*族”[1]的家庭主妇类型，通常都是喜爱电影、戏剧的有较高文化品位的女性。

在消费意识方面，“乐活族”并不醉心于一流名牌商品，而是选择不太张扬的二三流品牌，感觉更加能够彰显自己的品位。虽然也喜爱进口轿车，但不会购买一辆奔驰或宝马作为自己的坐驾，至多是开捷豹或标致，因为他们不想过分强调轿车的外在高级感以及价格，而更加重视内在品位与知性之美。因此，在品质、制造方法、传统以及文化等方面具有深厚底蕴的商品颇受他们青睐。出于同样的理由，有些“无印良品”的商品也是他们的所好。对于那些热心关注地球环境问题的厂商，如专业户外装品牌“巴塔哥尼亚”等，他们是忠实的拥趸。

旧书、骨董、老式唱片机、古旧家具、旧民居等，各种古色古香、富有年代感的东西，对他们来说，就像一个趣味无尽的宝藏世界，他们会乐不思蜀地徜徉其间，并且梦想着有朝一日在自己的高级公寓里再现出这个宝藏世界。位于东京江东区新开发的东云高级住宅小区，踊跃购买此处住宅的业主中大多数就是这

1　指平素热衷于阅读*VERY*时尚杂志的主妇群，该杂志主要介绍时装、美食等信息，指导已婚妇女的家庭生活。

类“乐活族”。

“乐活族”还热心于在互联网上制作个人网页，用来经常与职场以外的人联系，构筑起广泛的人脉。一旦离开目前的工作单位，这些人脉就能够派上用处。

根据“欲求调查”的数据进行分组分析的结果，30—40 岁男性中约有 10% 属于“乐活族”（参考 Culture Studies 研究所与博报堂的共同研究课题“关于阶层化与目标市场的研究”）。在阶层意识方面，认为自己属于“上流”的占 33.4%，认为自己属于“中流”的占 33.3%，认为自己属于“下流”的占 33.3%，差不多正好各占三分之一。在收入方面，年收入 500 万—700 万日元的人群最多。

作为被公认为生活质量较高的一个人群，该分组在调查中回答“主张生活简约朴素，不应浪费”“一流大学的毕业生”“通晓文学与艺术”“通晓日本的文化与历史”“熟悉西洋的文化和历史”“熟悉政治及经济时事”的人，明显比其他分组多得多。不过对于目前生活的满意度，“乐活族”中回答在 80 分以上的比例仅有 38%，较白领精英族为低。

从个人兴趣来讲，他们多数喜爱读书、艺术欣赏、园艺、种花、旅行、散步等，在生活中最看重的事情是“创造性”。

许多“乐活族”还“参加过志愿者活动”“为社会活动或国际活动做过贡献”“在日常生活中随处关注自然及环境”“有过海外留学或派驻海外工作的经验”，支持的政党则是民主党略占多数。

在消费行为上，“对市面上成为话题的流行商品一一留意”

“一听说是时尚流行的商品立即就想购买”“一冲动就买”的人数很少，属于不会轻易为流行信息或时尚所左右的类型。他们中的多数人目前“定期去海外旅行”，问到今后的愿望则许多人都“希望到大学或研究生院继续深造”“去海外留学或派驻海外工作”。

“乐活族”喜爱的轿车多为小排量节能车，如日产的“MARCH”“cube”等，约占25%前后，而回答“皇冠”“Celsior”等高档轿车的仅占14%，选择新一代混合动力车普锐斯的则达到33.3%，也算“乐活族”的一大特征。

(3)“SPA！族”

SPA！杂志主要读者群、介于中流阶层与下流阶层之间的白领男性群体被称为“SPA！”。总体上讲，他们属于不是特别勤奋、不喜欢工作，也缺乏才能的人群，他们不同于无固定职业的自由打工一族，往往是出于无奈而工作的类型，因为他们除了工作之外几乎一无所能。

他们的品牌志向并不强，欧米茄手表通常是在折价商店购买的，西服则一般在百货商店、大卖场购买，经常光顾廉价商店优衣库。

“SPA！族”的情趣不甚高雅，往往喜欢次文化即大众化的通俗文化，虽还不足以称其为“宅男”，但有“宅男”的兴趣爱好，“机动战士（GUNDAM）”对于他们来说简直是一般性的常识，恋慕萝莉少女和喜爱格斗技艺的趣味在他们身上也很突出，只是尚未达到痴迷的程度。总之，他们的趣味具有典型的团块次代的烙印。

这类人群还喜欢赌博，经常光顾“扒金窟”[1]；许多人在他们的高中时代成天泡在卡拉OK歌房里；将金钱花在那些可以看脱衣舞表演的俱乐部式酒馆里，或购买成人电影录像的人数也不少。

与“乐活族”一样，“SPA！族”也希望有更多的时间用于自己的业余爱好，但由于工作能力方面的原因，他们不得不经常加班加点，在过去数年中，他们几乎每周的劳动时间都超过60小时。

“SPA！族”懵懵懂懂地制订个人的人生计划：结婚，然后什么时候买上一套属于夫妇俩自己的独幢房子，并且积攒了相当数量的储蓄，却不知道什么时候才能梦想成现实。他们可能会成天幻想着，希望有一个像《花花公子》周刊封面上一样的妖娆女郎突然出现在眼前，跟自己喜结良缘。

假如是从内地小城镇来到东京等大都市的人，也许想有朝一日回到老家，会生活得更加轻松快活些，可事实却是，这一族人群中的大多数人都出生在大都市郊外圈，他们没有可以返回的故乡。因此只得永远甘当一名小小的工薪阶级，为每天要在父母出钱买的郊外的家与市中心的公司之间往返而烦恼。

现场访问：真想早一点退休算了

被访问者资料：29岁，地方公务员，年收入超过400万日元，储蓄700万日元

1　扒金窟：日本独特的一种射幸游戏或该类游戏场所，使用各种游戏机赢取弹子或金属币，可以换取现金，现已成为一种非常普及的大众娱乐形式。俗称“弹子房”的即属此类。根据日本现行法律，“扒金窟”介于娱乐业和赌博业之间的灰色地带。

我是跟父母亲住在一起的单身男人，每月可以自由支配的钱大概有15万日元左右，但实际上每月只花大约7万日元，剩下的钱都存起来了。

生活水平大概可以打70分吧。不足的是属于自己的自由时间太少了(平时晚上11点左右才回家)，还有就是家里居住空间太小了。

对生活的满意度是40分。不足之处是因为自由时间少，个人的兴趣一点都顾不上了，与朋友的关系也因此越来越疏远。满意之处则是因为还是单身，所以可以按照自己的意愿来花钱。

我的价值观概括起来是，理性地设计自己的人生，为了给将来做好准备，就必须学习知识和储蓄金钱。工作上希望能够按照自己的节奏去做，即使收入不多也无妨，只要生活得不太累就好。希望跟家人还有朋友一起和和美美地生活。

日常的服装等都是在超市或者百货商店买的，像“吉之岛”“SATY”“崇光百货”等，对名牌商品没有什么兴趣。家电产品则在附近的家电大卖场“DEODEO”“BEST电器”，还有“价格.com”里购买。

今后没有特别想买的大件商品。最想做的事情是休一个长假，让自己好好放松一下。我对理财有关注，对于进一步充电倒不怎么在意。关于自己的人生设计我想等结婚之后再好好考虑一下，如果可以的话，我真想早点退休算了。

(4) 自由打工族

据说，全日本年龄在20—34岁之间、无固定职业的广义上的自由打工者目前超过400万,其中有半数是男性。这类人群渴望生活得更加个性化一些,将自己喜欢的事情当作职业来做,于是口口声声标榜只想做自己想做的事情,而拒绝进入企业当一名正式雇员。结果,转瞬间年龄就过了30岁,但仍然没有寻觅到自己真正想做的事情,于是不由得暗暗焦虑起来,有些人出于对未来的不安,尽管已经延宕了许多岁月,最终仍不得不进入企业成为一名正式雇员。

这一类人群收入相对较少,因而不可能在衣食住行各方面都花费较多金钱,只能局限于自己真正喜欢的事情,集中财力一掷千金。

现场访问:现在开始反省这样子下去不行了……

被访问者资料:26岁,设计师,年收入超过200万日元,储蓄为零

留了一级之后,终于从大学毕业,开始几年只是做一些零工,后来发觉这样的工作持续下去毫无意义,于是进了一家小型设计公司,收入比打零工时还要少,每月才18万日元左右。起初说好公司效益好的时候还有奖金,但是今年一次也没有发过,去年倒听说发了四次。

房屋租金每月5万5千日元。早上不吃早饭,中午吃碗牛肉盖浇饭或是去普通的小饭馆随便吃点,平均下来每天伙食费大概600日元。晚上一般要到八九点钟才回家,自己做了吃。从住处骑自行车不远有一家"吉之岛",所以有时候在那里购物,回去做意大利通心粉或者冲绳风味苦瓜杂炒。自己做了吃

既便宜又好吃。附近如果再有家 SHOP 99 就更方便了,或者有间百元店的话,就可以去买电池之类的小商品。

这样一来,每个月伙食费基本上在 3 万日元左右,再加上水电煤等,每月应该还可以剩下七八万日元灵活支配,不过我还经常会买些饮料啦、香烟啦,等等,加起来费用好像也不少,所以有时候根本没买什么大件东西,也感觉不到怎么花的,钱就花完了,所以我的银行储蓄到现在还是零。

不过我喜欢音乐,有时候会买些乐器或者相关器材。一般都是在互联网上购买,因为便宜。前些时候花 1 万日元买了一架哈蒙德电子风琴。还有,液晶放映机也是花 1 万日元买来的,我把它跟 DVD 显示屏连在一起看。以后如果遇到音质更好点的“哈蒙德”电子风琴,或是“Fender Rhodes”“Wurlitzer”的古董电钢琴的话还想再买一架。

我特别喜欢在旧货中淘宝,一点也不会在意它不是新品,不管是乐器还是书还是衣服,首先总是挑便宜的旧货买。

所以花在服装上的费用不算多,内衣大多在“优衣库”买,外套嘛还是稍稍价格贵点的东西穿着感觉好些。加上现在年纪也 26 岁了,以前尽穿从旧货店里淘来的衣服,不过以后也想买一些品质好点的西服,像山本耀司这样有思想的设计师设计出来的衣服就有点意思。穿件皱巴巴的衣服,手里夹只弹眼落睛的高档公文包,感觉也很不错啊。

今后最想做的事情是去海外旅行。前阵子,住在洛杉矶的姑妈去世,我到洛杉矶去参加她的葬礼,结果上瘾了,特别想去海外走走看看。当然最喜欢去的还是欧洲和美国,毕竟我是从小在欧美音乐的熏陶中长大的。

嗯,我这个人比较懒惰,因为喜欢音乐所以经常窝在家里不出去,现在开始觉得这样并不好,因为这样就失去了许多接触到各种有趣事情的机会。我想今后还是要少许活泼些更好,体育运动之类的也应该适当地参加一些。

不久前,我被女朋友甩了。她是我在美术大学预备班时的同学,我考了一次美术大学没有考上,第二年再考考上的,她是直接从高中考入的,我还留过级,她则是顺顺当当毕的业,进了一家大型服装公司从事店铺设计工作,所以从走出学校踏上社会来讲,我比她晚了两年。除了跟她分手这个原因之外,当然还有各种其他原因,让我觉得自己现在这个样子下去是不行的,我开始对过去的自我产生了否定。而她则是做事利索、不喜欢稀里糊涂混日子的那种人。

说到工作,我进现在这家公司才三个月,自己感觉不太有信心。工作内容基本上是按照客户提出的要求设计出图样,说穿了不是我喜欢的工作类型。不过,只要努力去做,我想一定会有回报的。我理想中的工作是:让我一见到就觉得这就是我想做的事情,然后拼命去做,完成之后悠闲地过自己想过的日子。能够结合自己兴趣爱好的工作是最理想的工作。

我觉得人还是要有个性。我自己的个性?我也说不大清楚,大概性情怪僻算是我的个性吧。

你问我的生活水平?嗯……大概属于中流中的中流吧。将来的年收入我想至少应该有400万—600万日元吧。

第三章　团块次代的“下流化”方兴未艾

团块次代男性中48%是“下流”！

笔者曾经做过一个“欲求调查”，从多个方面对昭和初年世代、团块世代、新人类世代以及团块次代四个不同世代进行了对比。本章将根据这一调查的数据，对这四个不同世代的男女阶层意识进行一番比较。

调查的样本数为居住在首都圈一都三县范围内的800人，其中各个世代的男女各100人。

关于阶层意识，具体的调查方法是询问被访问者：“你认为自己的生活水平在以下几个等级中属于哪一等？”请他们分别在“上”“中上”“中”“中下”和“下”五个备选答案中选择一个。

但是一般而言，几乎没有人会认为自己属于“上流”或是“下流”，在内阁府所做的相关调查中，回答“上”和“下”的也分别只有0.7%和6.5%。同样，在上述“欲求调查”中回答“上”

的人也只有团块次代的男性、新人类世代的男性、团块世代的女性、昭和初年世代的女性各一名，所占比例仅为1%，而其他世代男性女性的回答数均为零。

回答“下”的人数分布情况如下：

团块次代男性	10%
团块次代女性	4%
新人类世代男性	8%
新人类世代女性	6%
团块世代男性	2%
团块世代女性	2%
昭和初年[1]世代男性	5%
昭和初年世代女性	2%

在总共800名被访问者中共39名回答“下”，占比例约为5%，与内阁府的调查结果没有太大的差别。

然而，与团块世代以上人群中认为自己属于“下流”的被访问者只有极少数相对的是，新人类世代以下人群中这一比例却不小，男女合计共有7%，特别是在团块次代的男性中这一比例竟高达10%。由于这个调查是针对消费生活进行的详细调查，因而也有一种可能，即因为团块世代以上的人群对于消费已经变得极为消极，其中的低收入者对此没有给出回答。

其次，如果我们将“上”与“中上”合并计为“上”，将“中

1 指昭和元年至九年，即1926至1934年。

下”与“下”合并计为“下”来进行统计的话，则可以看到，团块次代的男性在各世代男女中的阶层意识最为低下，达到了48%（见表3-1）。这一结果与内阁府于1958年所做的调查结果相近。

表3-1　各世代男女的阶层意识

（%）

		n	上	中	下
团块次代	男性	100	12	40	48
	女性	100	17	52	31
新人类	男性	100	16	48	36
	女性	100	13	52	35
团块世代	男性	100	14	48	37
	女性	100	13	58	29
昭和初年世代	男性	100	9	56	34
	女性	100	14	67	18

资料出处：由 Culture Studies 研究所、e-FALCON 共同实施的“欲求调查”

与此相对，团块次代的女性其阶层意识略高于男性。此外，团块世代女性和新人类世代男性的阶层意识中，“上流”与“中流”之比大约为1∶3，这与第一章中提到的201×年等级化社会的模式大体是一致的。根据这一点可以认为，在较年轻的世代中，阶层化即等级的两极分化显然已经开始了。

不过，在2005年进行的“第一次女性阶层化调查”中，在28—32岁的女性阶层意识中“上”约为10.2%，“下”约为45.4%；33—37岁的女性阶层意识中“上”约为10.6%，“下”约为41.0%，与“欲求调查”的结果相比，自认为属于“下流”的人群数更多(见表3-2)。从提问的内容来分析,应该是"第一次女性阶层化调查"中有更多低收入层的人参加了调查。换句话说,"欲求调查"中30—34岁女性的阶层意识存在一定的偏差,比实际有所提高了。

表3-2 各年龄层女性的阶层意识

(%)

	n	上	中	下
18—22岁	500	16.2	41.6	42.2
23—27岁	500	7.6	39.0	53.4
28—32岁	500	10.2	44.4	45.4
33—37岁	500	10.6	48.4	41.0

资料出处:由 Culture Studies 研究所、读卖广告社共同实施的"第一次女性阶层化调查"

此外,由内阁府所做的"国民生活意识调查"中,30—34岁的男性中回答阶层意识"上"的约为8.5%,"中"约为47.2%,"下"约为39.8%,与"欲求调查"的结果无太大的差别。女性则"上"约为8.9%,"中"约为53.8%,"下"约为32.6%。两相比较,"第一次女性阶层化调查"中"下流"的比例更高。

这里需要指出的是,内阁府的调查样本数为2004年度的30—34岁男性246人、女性325人,"第一次女性阶层化调查"的样本数则要多出许多,故单从统计学上来讲,后者的可信性更加高。另外,"第一次女性阶层化调查"的对象是居住在首都圈一都三县的各年龄层的男性女性,而由此也会带来一定的偏差,即大都市圈内各阶层人群的收入差距很大,加上白领阶层相对较多,而且近年来又不断引入重视成果主义的工资制度,因此收

表 3－3　阶层意识的变化——各年龄层的男性

按年龄层分行[男性]　（%

		'70	'71	'72	'73	'74	'75	'76	'77	'78	'79	'80	'81	'82	'83	'84
20—24	上	7.1	8.6	7.8	7.2	7.1	7.6	7.7	11.4	7.5	11.5	7.9	12.5	8.8	11.7	7.5
	中	55.9	58.2	60.8	61.8	52.4	61.2	55.9	59.1	49.7	57.1	57.4	47.8	55.1	54.0	54.8
	下	32.6	30.2	28.1	27.8	33.7	25.9	31.7	24.6	31.2	26.2	31.4	35.9	29.8	28.4	34.9
25—29	上					8.2	8.4	7.2	9.0	7.1	8.0	6.3	6.7	6.0	7.5	4.7
	中					55.8	59.1	63.3	55.3	58.2	57.5	54.1	53.5	55.2	53.2	59.9
	下					33.4	28.5	28.6	32.0	30.3	31.7	38.6	36.9	36.1	38.2	30.7
30—34	上	5.6	6.6	6.5	6.7	6.5	6.7	7.7	7.3	6.7	7.5	6.9	7.9	6.6	7.6	5.7
	中	58.7	58.6	61.7	60.8	59.8	61.2	57.3	58.9	56.0	59.6	52.8	53.1	57.0	48.3	56.3
	下	33.5	31.9	28.8	30.0	31.1	28.6	32.7	31.0	34.0	30.1	38.6	34.8	34.2	42.3	35.9
35—39	上														9.0	7.6
	中														52.8	50.6
	下														35.8	38.5
40—44	上	8.6	7.1	6.7	7.7	6.1	9.0	9.5	6.1	7.5	9.0	7.7	8.7	8.4	5.1	8.
	中	58.1	59.4	60.6	61.0	57.9	60.9	56.0	59.5	56.1	59.3	55.0	55.5	52.3	52.7	53.
	下	30.8	30.8	30.4	29.2	32.8	27.6	31.9	30.8	33.6	29.4	34.8	33.0	36.8	38.4	35.
45—49	上														9.4	9.
	中														49.0	52.
	下														38.4	35.
50—54	上	9.7	8.1	7.4	8.4	9.8	8.6	8.6	10.7	7.3	10.2	9.1	9.2	6.9	8.8	8.
	中	56.0	58.3	59.6	57.1	56.6	57.7	55.5	52.5	57.2	59.0	48.5	52.8	51.6	50.7	47.
	下	32.1	31.6	30.4	31.8	31.1	31.8	33.6	32.7	32.5	27.8	39.3	35.9	38.7	37.9	40.
55—59	上														8.2	8.
	中														53.5	52.
	下														35.9	37.
60—64	上	8.8	8.3	8.8	7.6	6.1	8.1	8.7	8.0	11.4	9.0	9.0	7.3	8.2	6.9	7.
	中	46.0	48.6	52.3	53.9	51.5	58.9	47.8	51.2	51.9	56.0	47.3	47.6	51.7	51.5	51.
	下	40.9	38.9	34.3	35.8	36.8	31.1	40.2	36.8	33.1	32.3	40.2	42.1	36.2	39.3	39.
65—69	上														8.7	8.
	中														45.9	45.
	下														42.3	42.
70 以上	上				8.4	10.6	7.2	12.7	7.8	11.7	8.9	6.4	10.1	7.9	9.4	4.
	中				53.4	48.2	49.0	48.1	52.2	45.4	51.4	46.1	47.9	44.3	45.9	42.
	下				30.6	34.4	35.9	31.8	33.3	37.5	32.3	38.5	37.8	42.1	39.1	47.

（注：20—29 岁年龄层的 1970—1973 年、30 岁以上年龄层的 1970—1982 年各栏因没有每 5 岁为一段的分段统计，故按照每 10 岁为一段，将其数值记入表中。）

'85	'86	'87	'88	'89	'90	'91	'92	'93	'94	'95	'96	'97	'99	'01	'02	'03	'04
1.9	6.3	8.0	9.4	11.0	9.4	11.6	14.5	14.1	12.4	7.7	14.2	19.3	16.0	13.6	17.7	11.8	10.6
9.3	44.9	55.7	52.0	54.6	53.0	45.3	52.0	54.4	56.5	56.4	60.6	46.0	50.6	47.0	50.3	61.5	42.6
2.9	43.5	33.0	32.2	29.4	33.2	33.1	28.5	24.7	26.5	29.5	21.3	29.0	28.2	31.8	27.4	23.7	36.2
.3	6.2	9.7	10.3	6.0	4.7	4.3	7.5	15.2	10.2	6.7	12.3	13.6	7.8	10.3	10.0	8.8	8.9
8.7	46.5	49.3	48.6	49.3	47.9	55.9	46.9	52.0	50.0	60.6	51.5	53.7	55.0	52.7	58.1	54.7	49.4
9.8	42.3	40.1	39.5	39.8	44.2	37.5	44.0	28.7	35.9	30.0	34.0	31.0	34.4	33.7	28.0	33.3	38.4
.2	2.6	6.5	5.6	3.8	9.4	7.3	11.8	6.5	7.6	10.9	14.1	7.9	10.0	6.1	10.8	7.9	8.5
1.2	53.7	51.8	50.7	54.5	49.4	58.4	49.4	53.8	57.2	58.2	49.6	63.3	58.0	57.4	50.0	50.8	47.2
.3	40.5	40.6	43.0	40.2	38.7	31.0	35.5	37.7	32.7	29.6	34.3	28.4	30.6	34.3	36.6	39.0	39.8
.2	5.6	5.4	4.1	7.2	6.4	5.9	6.3	11.5	12.2	10.0	9.7	10.7	11.7	12.2	12.0	7.1	13.6
2.7	47.7	50.3	49.5	48.8	53.2	56.0	59.5	48.6	51.3	56.6	55.5	61.1	54.8	52.4	52.9	60.7	53.6
2.1	44.0	41.5	42.9	41.4	39.2	36.7	32.5	37.8	35.3	30.3	30.8	26.5	30.9	34.0	32.6	31.0	29.0
.3	5.3	9.1	6.9	8.7	6.2	9.0	10.8	6.9	11.3	11.5	7.2	8.9	8.4	10.7	10.8	14.3	8.7
.0	50.9	48.0	52.5	51.3	52.2	53.6	48.2	56.5	50.7	50.9	61.5	52.8	60.9	52.4	55.0	55.4	58.1
3.0	41.8	40.3	39.4	37.4	39.3	34.7	38.2	34.9	34.3	34.8	27.9	36.2	29.9	35.2	31.7	28.4	32.0
.5	6.6	7.0	5.6	7.7	7.1	8.0	11.0	10.6	11.6	12.7	11.5	7.8	8.7	12.4	9.0	8.8	10.2
.5	47.0	46.5	47.6	44.9	49.6	47.3	47.2	52.0	49.5	57.4	53.1	52.1	52.3	54.6	60.4	54.0	53.4
2.1	43.6	42.8	44.5	44.4	40.5	40.7	37.6	34.7	37.1	27.9	33.1	38.2	35.3	32.2	30.6	34.8	35.4
.4	6.9	7.6	9.2	5.2	8.3	12.4	12.1	11.7	9.5	10.2	9.2	9.3	10.0	9.0	9.3	11.4	6.8
.6	49.9	52.8	51.9	52.2	48.3	51.3	49.5	53.7	50.1	52.5	55.7	54.2	55.1	53.7	50.7	53.8	50.0
2.2	41.0	37.2	37.5	39.4	39.1	34.4	34.6	32.9	36.3	34.2	32.7	34.7	33.1	34.9	38.3	33.6	41.3
.3	8.2	10.3	9.0	5.6	9.8	9.4	15.6	13.3	12.6	8.8	9.6	8.9	9.4	10.8	9.7	11.6	11.8
.3	50.1	52.4	53.6	52.2	52.3	54.1	48.4	49.1	49.1	56.3	55.7	56.1	55.5	50.6	52.4	47.2	48.5
.2	39.6	35.5	36.0	38.0	36.7	35.1	34.7	35.0	35.8	32.4	32.8	32.3	34.0	36.1	35.0	39.4	37.0
.7	8.1	6.6	4.7	6.8	8.4	7.3	11.1	13.4	9.6	9.5	11.5	8.3	9.0	10.8	11.6	9.8	9.4
.5	47.9	51.0	47.2	49.1	55.2	46.7	53.3	49.0	54.1	54.6	48.3	57.3	49.9	48.7	50.6	51.0	48.8
.8	42.7	40.8	46.3	41.5	33.5	43.0	32.7	35.0	35.0	33.9	37.6	33.3	38.9	38.5	34.9	37.7	39.1
.0	6.1	6.1	6.9	5.7	6.5	7.3	8.9	14.4	12.0	13.2	11.8	8.8	8.1	8.3	8.1	11.6	10.1
.2	47.2	45.1	46.0	51.2	46.7	51.6	53.7	51.6	53.8	56.3	57.1	49.2	53.0	51.9	55.0	52.5	49.3
.0	43.4	45.1	44.1	41.1	44.5	38.6	31.3	32.0	31.7	28.4	29.7	38.6	37.5	36.4	35.5	33.4	39.4
.1	5.3	7.1	7.8	3.7	9.2	11.4	8.7	14.0	11.1	10.5	10.6	9.7	11.1	9.5	10.3	13.2	11.9
.8	45.4	46.6	44.9	42.0	44.6	50.5	43.2	54.5	52.8	51.4	55.5	50.1	51.6	57.7	54.0	49.0	47.1
.9	42.3	43.9	41.3	50.5	41.7	32.8	41.9	28.0	31.7	34.2	27.3	37.7	34.9	30.1	32.1	35.6	37.6

资料出处：内阁府“国民生活意识调查”

表 3－3 阶层意识的变化——各年龄层的女性

按年龄层分行［女性］ （%

		'70	'71	'72	'73	'74	'75	'76	'77	'78	'79	'80	'81	'82	'83	'84
20—24	上	7.2	7.9	8.3	8.8	8.2	11.2	12.2	8.5	10.9	14.5	11.6	11.6	10.2	12.1	12.
	中	62.9	65.4	67.7	66.0	67.5	70.9	74.0	73.6	69.2	66.5	64.8	60.6	65.8	65.1	64.
	下	26.3	23.4	19.3	21.9	21.0	15.6	12.1	15.6	17.5	15.0	20.6	21.6	20.0	20.2	19.
25—29	上					7.0	10.7	9.5	8.2	6.7	10.7	8.8	8.8	8.3	8.7	10.
	中					67.5	66.8	64.7	69.3	71.5	69.3	61.9	55.7	62.6	66.8	64.
	下					22.3	19.6	22.3	19.8	20.0	18.1	26.5	31.8	25.6	22.8	23.
30—34	上	6.9	7.6	7.0	7.4	6.5	7.1	10.1	9.6	8.5	8.8	7.4	7.6	7.7	7.3	9.
	中	60.1	60.2	67.4	65.9	62.1	66.4	61.4	63.2	63.5	65.5	60.0	60.8	61.8	61.5	63.
	下	29.7	28.5	22.8	24.3	28.4	23.8	25.7	23.5	25.1	22.9	30.3	28.9	28.0	29.1	25.
35—39	上														7.5	8.
	中														59.2	60.
	下														30.5	28.
40—44	上	8.5	8.5	8.3	7.8	8.1	10.1	9.7	7.4	9.6	9.3	7.6	9.5	8.2	8.3	11.
	中	56.8	58.1	60.4	63.3	59.2	60.2	61.8	63.5	58.3	65.4	56.6	55.7	55.2	56.7	56.
	下	31.0	30.2	27.9	26.0	30.6	26.8	26.0	25.7	27.6	23.0	32.8	30.8	33.0	30.7	28.
45—49	上														7.8	9.
	中														63.0	52.
	下														27.4	34.
50—54	上	6.6	7.3	6.2	6.1	7.3	8.7	8.9	8.1	7.7	8.7	12.0	8.7	8.6	7.7	8.
	中	51.9	53.0	60.5	58.9	53.4	54.6	55.6	57.5	57.9	58.1	52.5	55.0	54.0	56.5	56.
	下	37.8	36.3	30.3	32.0	35.5	33.7	30.9	29.2	31.0	30.3	31.2	33.1	35.4	32.0	32.
55—59	上														8.0	7.
	中														56.0	55.
	下														34.3	32.
60—64	上	4.6	5.7	5.7	5.8	6.5	7.4	8.1	6.6	7.9	6.9	4.9	7.7	6.7	6.9	7.
	中	46.9	47.5	51.4	53.4	48.8	54.9	52.0	49.5	50.8	53.5	46.6	49.0	46.9	45.8	46.
	下	41.2	28.2	34.4	34.7	39.1	30.9	35.5	38.3	37.1	33.7	43.5	38.5	40.9	42.9	42.
65—69	上														7.7	5.
	中														45.0	46.
	下														41.1	42.
70 以上	上				8.0	6.1	6.0	6.7	7.4	6.1	5.7	4.8	7.4	8.3	9.0	6.
	中				47.8	40.6	45.2	49.6	51.2	50.5	47.8	47.6	43.1	36.4	44.9	42.
	下				33.5	42.2	30.1	33.1	27.8	29.2	34.7	36.2	36.6	42.1	35.5	37.

（注：20—29 岁年龄层的 1970—1973 年、30 岁以上年龄层的 1970—1982 年各栏因没有每 5 岁为一段的分计，故按照每 10 岁为一段，将其数值记入表中。）

'85	'86	'87	'88	'89	'90	'91	'92	'93	'94	'95	'96	'97	'99	'01	'02	'03	'04
0.3	11.2	9.7	10.0	5.6	14.0	9.6	12.5	19.2	11.7	12.3	23.1	17.1	19.6	21.0	17.4	18.6	14.4
9.5	66.0	63.6	59.5	65.5	61.5	65.2	60.9	57.8	61.2	67.0	57.9	61.1	54.9	62.8	61.9	60.1	55.1
5.9	19.1	24.4	21.5	24.4	19.5	20.2	16.9	18.2	22.4	15.0	17.0	18.2	19.0	14.8	16.1	18.0	22.8
8.8	5.8	5.5	6.4	9.5	8.6	10.4	9.5	11.2	9.2	11.8	10.8	8.8	10.0	11.5	9.3	13.0	11.9
8.9	65.3	65.7	63.3	62.9	66.8	61.7	64.0	63.9	61.9	58.5	64.7	63.0	66.3	62.1	62.5	54.2	58.2
9.8	25.1	27.0	28.0	23.8	21.8	23.8	24.4	22.6	23.8	24.7	21.2	25.6	21.3	25.1	24.3	30.5	26.8
7.5	6.0	5.2	8.7	8.3	9.3	6.7	8.9	10.6	10.1	10.0	10.1	12.2	9.4	9.9	9.8	10.7	8.9
2.8	61.1	63.6	65.2	62.8	61.2	66.7	63.8	63.1	63.2	67.2	67.5	59.8	62.6	55.7	57.8	61.8	53.8
7.2	29.0	28.9	23.8	27.2	27.7	24.1	25.4	23.4	23.2	20.9	20.4	25.9	25.5	31.9	31.0	26.3	32.6
8.1	7.8	6.1	7.2	8.0	11.9	8.7	13.0	12.9	11.1	13.5	13.1	12.9	9.8	11.6	8.7	8.6	9.3
7.3	53.3	60.0	56.1	56.7	53.0	59.9	59.5	61.9	61.4	61.4	63.6	63.0	61.8	59.4	67.4	56.2	61.6
2.3	35.8	31.0	34.1	32.4	32.2	28.3	25.4	23.5	25.7	23.4	20.3	21.7	25.4	24.8	21.1	33.2	28.4
6.6	5.0	8.2	7.8	8.9	11.0	7.2	12.2	12.6	8.7	10.5	9.6	11.6	13.4	12.0	12.0	11.7	11.1
0.7	53.6	54.3	56.6	55.3	55.6	58.3	55.4	58.2	62.5	64.0	63.8	62.2	59.4	61.0	59.8	62.2	58.6
0.6	38.1	35.1	32.2	33.0	30.7	33.8	29.7	26.6	28.0	23.6	24.4	23.3	24.7	25.9	23.3	23.7	28.6
7.6	6.8	8.8	8.5	7.0	10.0	9.5	14.2	13.5	14.9	10.0	13.5	12.6	11.5	9.2	12.1	10.9	9.0
3.7	50.6	52.7	57.0	59.1	54.5	53.7	56.7	55.0	56.3	63.3	60.8	56.1	56.7	60.2	56.5	56.9	62.3
6.5	39.5	35.3	31.3	32.3	31.9	34.6	26.5	28.3	26.1	24.0	22.7	28.8	29.3	29.0	30.1	30.1	28.1
8.3	9.0	9.4	5.3	7.9	11.8	6.8	13.9	12.6	12.2	12.5	12.0	12.0	11.1	7.1	11.1	9.9	10.5
7.4	51.6	55.6	58.1	51.2	54.0	53.7	53.6	57.0	54.7	58.2	57.6	59.0	55.0	56.7	58.5	54.7	57.1
2.0	36.3	32.5	35.7	37.2	32.1	36.3	29.1	26.6	31.2	26.8	29.0	27.8	31.2	34.7	28.2	32.5	30.2
6.0	7.2	11.9	9.5	9.2	6.0	8.3	11.4	13.0	10.8	11.0	10.4	10.4	10.3	13.0	11.0	10.5	11.4
3.8	57.2	47.8	47.6	48.2	59.8	51.8	54.2	53.7	54.5	53.8	58.0	55.8	59.2	57.2	55.3	54.8	53.8
8.4	33.5	37.7	39.3	40.5	31.6	37.4	30.6	29.9	32.6	32.9	28.8	31.8	28.0	27.1	30.4	31.6	31.4
6.3	7.4	9.2	7.2	6.2	9.2	6.4	11.7	12.2	10.3	10.4	9.4	9.2	7.0	9.3	9.3	9.1	10.5
1.3	51.4	45.8	48.8	52.0	48.1	52.5	53.5	55.7	52.3	52.8	58.9	57.9	56.7	56.3	55.2	53.3	55.9
9.3	35.7	42.5	39.7	37.6	39.1	36.5	29.8	29.4	33.8	32.1	28.7	29.3	33.9	32.3	34.2	33.3	30.2
3.0	4.6	5.3	5.5	6.7	8.9	5.7	9.1	11.7	10.4	9.7	8.9	8.2	8.1	9.3	8.9	10.2	9.5
5.2	48.9	52.5	44.0	38.1	45.3	52.8	52.9	46.9	55.6	57.8	55.1	51.7	57.1	57.0	59.2	59.5	49.3
6.2	40.7	35.4	46.3	49.6	40.4	37.0	31.6	34.9	30.4	28.7	31.9	36.7	31.5	30.7	28.2	28.6	38.6
7.4	7.2	5.8	7.3	7.7	7.2	7.2	10.0	11.9	10.5	9.7	9.8	8.1	9.4	9.3	9.0	12.2	9.9
4.2	39.0	38.7	47.2	40.0	49.2	46.0	49.0	47.5	45.0	48.3	48.6	52.8	51.1	55.2	53.9	49.6	49.4
7.2	43.2	46.2	38.8	43.4	36.8	37.3	30.8	32.3	35.1	33.3	31.6	32.1	33.3	30.3	30.3	32.7	32.0

资料出处：内阁府“国民生活意识调查”

入的差距在不断拉大。

最后一点，正如在本书后面还要阐述的，年过30岁而未婚的话会使人的阶层意识跌落，因此，在晚婚比较盛行的大都市圈，“下流”的人数理应增多得更加明显。

团块次代的阶层意识正在不断“下流化”

根据内阁府的调查数据，按照不同年龄层来看可以发现，越是年轻的世代，其阶层意识就越是低下。例如第二次生育高峰时出生的人群，即1994年时的20—24岁的男性自认属于“下流”的为26.5%，1999年这一人群25—29岁时其比例上升至34.4%，至2004年30—34岁时这一比例进一步上升至39.8%，十年间共上升了13.3个百分点（见图3-1）。

图3-1　阶层意识的演变（团块次代，男性）

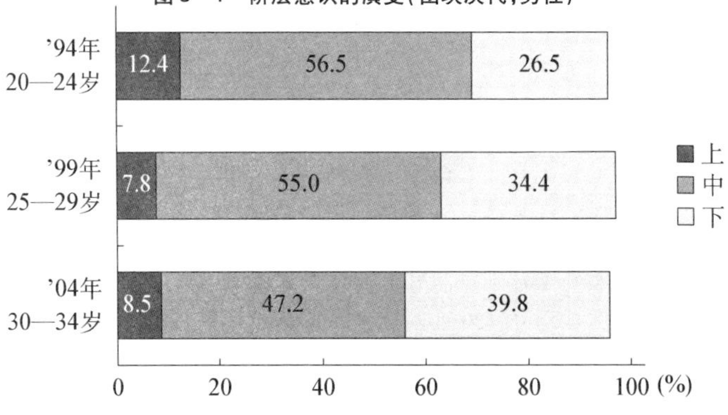

资料出处：数据源自内阁府“国民生活意识调查”，由Culture Studies研究所绘制

39.8%这个数字仅次于50—54岁的男性的41.3%，但是其十年间上升了13.3%的增幅，却是在其他各个世代中绝无仅有的。

同样地，1994年20—24岁的女性中认为自己的生活水平为“下流”的人数占22.4%，在1999年这一人群25—29岁时其比例为21.3%，几乎没有变化，但到了30—34岁（2004年）时这一比例却上升至32.6%，五年间上升了11.3个百分点（见图3-2）。

图3-2 阶层意识的演变（团块次代，女性）

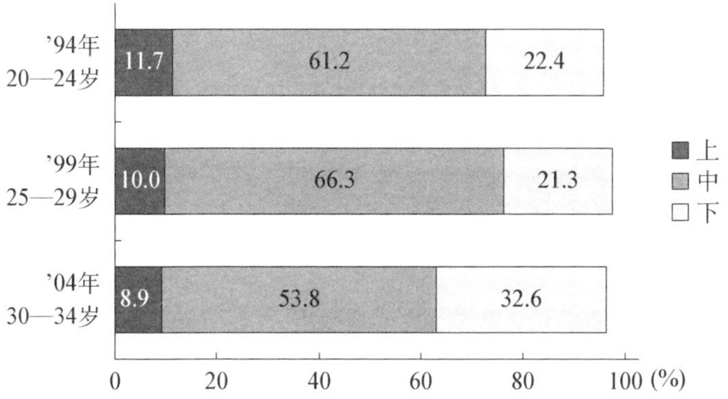

资料出处：数据源自内阁府“国民生活意识调查”，由Culture Studies研究所绘制

32.6%这个数字在女性中仅次于65—69岁年龄段的比例，其十年间上升了10.2%，这一增长趋势也是在女性的各个世代中增幅最大的。

综上所述，无论男性和女性，在最近十年间团块次代的阶层意识呈现出最显著的下降走势。

真性团块次代同样"下流"人数激增

比第二次生育高峰期出生的一代[1]年轻约 5 岁的真性团块次代的情形又是怎样呢?

真性团块次代男性在 1999 年 20—24 岁时自认为属于"下流"的人群比例为 28.2%,到了 2004 年 25—29 岁时这一比例上升至 38.4%,也增加了 10.2 个百分点。与此同时,自认为属于"上流"的人群比例却由 16.0% 降低至 8.9%,几乎减少了一半(见图 3-3)。

图 3-3 阶层意识的演变(真性团块次代,男性)

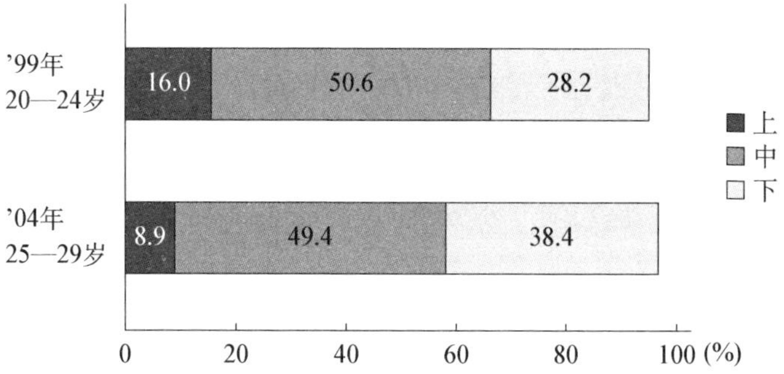

资料出处:数据源自内阁府"国民生活意识调查",由 Culture Studies 研究所绘制

女性的情形也相似,"下流"的比例由 19.0% 增加至 26.8%,而"上流"的比例却由 19.6% 减少至 11.9%(见图 3-4)。

1 即团块次代。

图 3－4　阶层意识的演变(真性团块次代,女性)

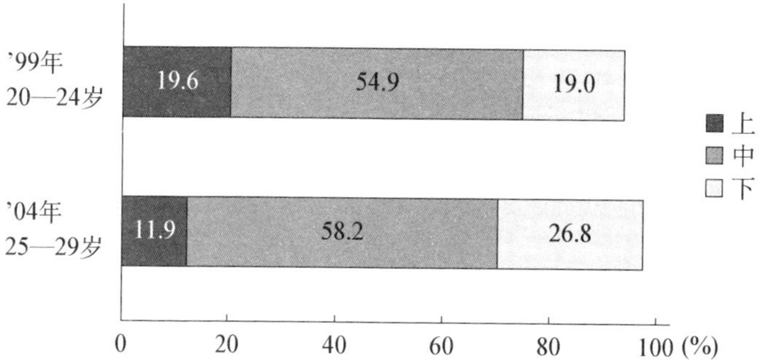

资料出处:数据源自内阁府“国民生活意识调查”,由 Culture Studies 研究所绘制

20—24 岁以后男性女性的阶层意识不约而同地开始呈“下流化”的原因在于,从学生走向社会成为一名社会人,随之,结婚、生育等人生大事相伴而来,无论男性还是女性都经受了严峻的考验,生活现实显然导致了阶层意识的变化。从这个角度来考虑的话,那么阶层意识的“下流化”或许是各世代共通的普遍现象了。

加之真性团块次代恰好遭遇过剧烈的经济衰退,“上流”的减少和“下流”的增多便显得特别醒目了。其中男性的“下流”阶层意识短短五年时间便激增 10.2 个百分点,在各世代各年龄段中增幅都位列第一;而同一时期内女性的“下流”阶层意识增加了 7.8 个百分点,也仅次于团块次代的女性。

此外,20—24 岁的男性中自认为属于“上流”的人群比例最高的是 1997 年,达 19.3%,其次是从 1996—2002 年期间,基本上在 15% 前后。女性自认为属于“上流”的人群比例最高的是

1996 年，竟高达 23.1%，其次是从 1996—2003 年期间，也始终维持在 20% 左右（见图 3－5）。

图 3－5　20—24 岁男性和女性阶层意识中“上流”所占的比例

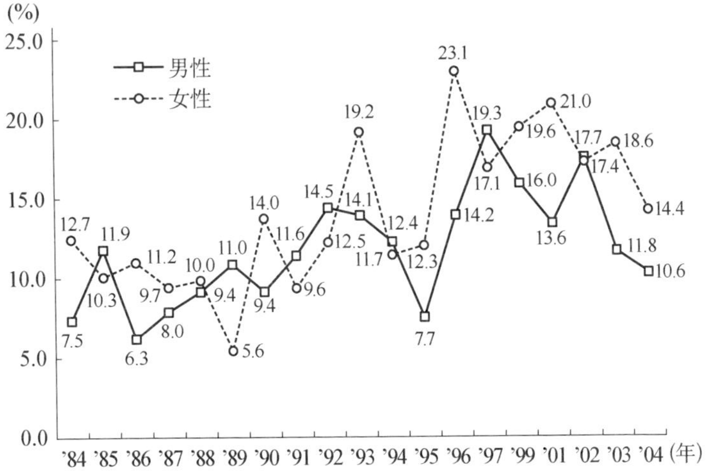

资料出处：数据源自内阁府“国民生活意识调查”，由 Culture Studies 研究所绘制

与此相对的则是，1984 年的 20—24 岁即新人类世代的男性中的“上流”阶层意识者仅为 7.5%，同一年的 25—29 岁即 1955—1959 年期间出生的一代（笔者也属于这一代）则更是只有 4.7%。

由此可见，即使在被人激赞为高消费时代到来的 20 世纪 80 年代，对于年轻一代来说，依然不过是一个清贫的社会。

沉醉于疯狂消费的真性团块次代

1996—2003 年的 20—24 岁人群相当于 1972—1983 年间出

生的一代，与笔者所定义的“真性团块次代”（1973—1980 年出生）基本是一致的，这代人也就是绝大多数人的父母亲为团块世代的一代（参照三浦展著《失去工作就是迷失自我》）。他们的父母辈即团块世代，在 1992—1996 年时年已 45—49 岁，在当时 45—49 岁的人群中“上流”的比例较高，约为 11%，女性的情形也同样，为 13% ~14% 左右。

换句话说，对于团块世代这一代人来说，虽然“泡沫经济”崩溃了，但是他们中大多数人在 1992—1996 年间已经身居企业的部长等要职，加之经济也渐渐开始复苏，收入有所增加，因此正是阶层意识高扬之时。然而，自 1997 年以来，以山一证券公司的破产为代表，日本经济重又出现倒退，各行业的企业都出现了重组、员工被迫提前退休等情况，阶层意识也随之又呈现出低下的走势。

至于他们的下一代即真性团块次代，1992—1996 年时正是进入初中、高中和大学的时期，尚未自立，根本还不了解社会的险恶和无奈，花着父母亲辛苦挣来的钱，开始沉醉于高消费的疯狂之中。

当时日元一路攀升至 1 美元兑 80 日元，由此，海外生产的各类商品得以以低廉的价格进口到日本，无论自行车、手表还是时装，所有海外的高档品牌商品都轻而易举地就可以买到手，社会供给足以满足追求物欲的团块世代所有的欲望。就是在这样的社会环境之下，真性团块次代的阶层意识膨胀到了历史最高点。因此，如果调查中含有 20 岁以下人群的数据的话，恐怕 1992—1996 年间回答“上”的比例更有可能高达 20% ~30%，而且其余波一直持续至 2003 年。

然而，真性团块次代一旦踏上社会，成长到 25—29 岁左右时，必然也会体验到社会的险恶。而由于“消费中毒”使得他们的劳动意欲几乎丧失殆尽，不少人便成为无固定职业的自由打工者，甚至沦为失业者、无业者。理所当然的，这些人的阶层意识极为低下。故此，在 25—29 岁这个年龄段中阶层意识大为降低。

今后只会越来越糟糕——普通人群的不安

如上所述，现在 30 岁上下的一代在其少年时代享受过极为富庶的消费生活，故此对于未来怀有一种不安，即随着未来年龄增长，消费生活水平会越来越低落，而这种不安在现在 40 岁以上的世代中却是不存在的。

现在 40 岁以上的世代，在他们的少年时代大都经历过贫困的生活，等到了 20 岁、30 岁，随着年龄增长，社会的消费生活也越来越丰富，生活水平逐年增高。因此，即使工作再辛苦他们也能够忍受，随遇而安。

可是，现在 30 岁上下的一代人由于少年时代物质生活过于丰富了，踏上社会之后，唯一感觉得到的只有可自由支配的金钱和时间在不断减少。今后他们还将结婚、生育，对将来的消费生活仍能保持不变甚至不断提高根本没有信心，因而其阶层意识一味跌落。

所以我们也许可以这样断言：现在这个时代敢于结婚的

人，或者是对未来充满信心的人，或者便是对人生本来就没有什么希望和规划、一不小心而“奉子成婚”的人。收入平平的普通人，已经不可能一面心平气和地期待着今后收入稳步提高，一面循序渐进地结婚、生育，为自己描绘一幅美丽的人生画卷了。

团块世代和新人类世代是稳定的中流

另一方面，团块世代中的男性在年届 25—29 岁仍然多数独身的 1974 年，自认为属于“中流”的人群比例为 55.8%，而自认为属于“下流”的比例为 33.4%，到了进入抚育下一代的 35—39 岁中年期的 1984 年，这两个比例分别是 50.6% 和 38.5%，总体阶层意识略有下降，但下降幅度比起团块次代来要小许多(见图 3－6)。

图 3－6　阶层意识的演变(团块世代，男性)

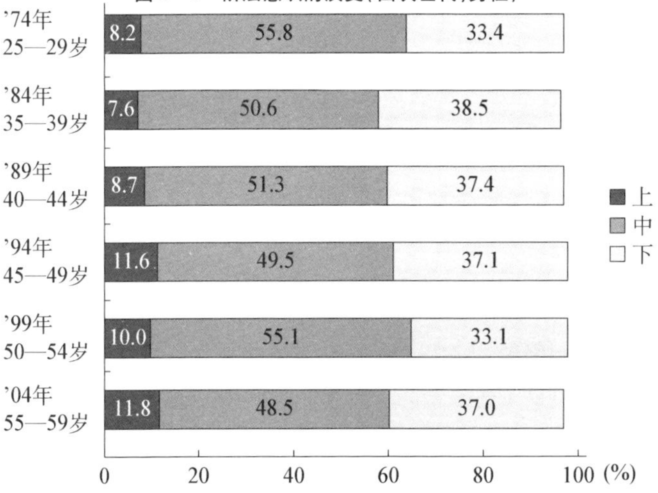

资料出处：数据源自内阁府“国民生活意识调查”，由 Culture Studies 研究所绘制

1984—1999年期间，“下流”的比例切切实实有所降低，可见团块世代的生活水准逐步在提高。然而至2004年，一方面是“下流”的比例有较大下降，另一方面却是“上流”的比例也略有上升，这说明“中流”的人群开始向“上流”和“下流”两极分化，极少部分人成功地登上企业的重要职位，而更多的人则被“重组”、被企业所抛弃，从同质人群被拉开至两极阶层。

与此形成对比的是，团块世代的女性则从1974—1989年期间“中流”的比例渐次下降、“下流”的比例相应逐步上升（见图3-7），但其后“下流”的比例一直保持在30%左右，“中流”的比例则基本在55%上下，不再有大的变化。不难看出，团块世代的女性拥有非常稳定的中流阶层意识。

图3-7 阶层意识的演变（团块世代，女性）

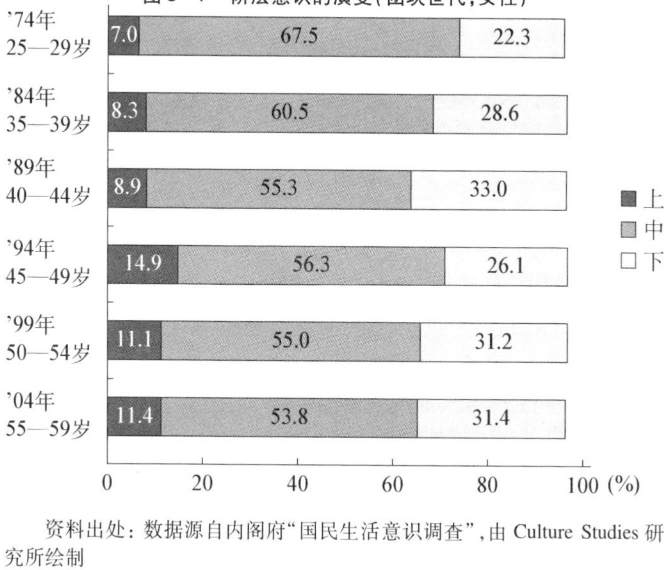

资料出处：数据源自内阁府“国民生活意识调查”，由Culture Studies研究所绘制

比团块世代年轻约15岁的新人类世代情形又如何?

新人类世代的男性在1984—2004年期间阶层意识并无太大的变化(见图3-8),仅其中1989年受“泡沫经济”的影响“下流”的比例增加了五个百分点,而“中流”减少了五个百分点。我们可以大胆地推测,或许是因为当时他们正持币待购住房,由于地价、房价高腾,使得他们不得不打消了购房的打算。

图3-8　阶层意识的演变(新人类世代,男性)

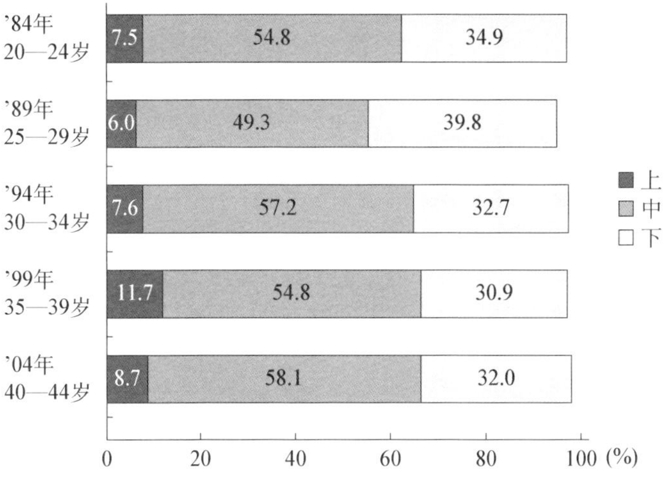

资料出处:数据源自内阁府“国民生活意识调查”,由Culture Studies研究所绘制

“泡沫经济”崩溃之后的1994年,日本社会的阶层意识基本回复到跟1984年差不多的水平,至1999年甚至还出现了“中流”和“下流”的比例略微减少,“上流”的比例略有增加的趋势,尽管这种趋势并不明显。但是到了2004年,又重新出现了“中流”和“下流”的比例有所增加,而“上流”的比例相应下降的情

况，再度回到“泡沫经济”时期的水平。由此可以预测，今后随着成果主义的大行其道，收入差距势将继续拉大，导致“上流”和“下流”的人群数不断增加，而“中流”则不断减少的倾向继续强化。

在新人类世代的女性中则可以看到这样的趋势：“上流”的比例几乎没有太大变化，而“中流”的比例却日渐减少，“下流”的比例日渐增多。将2004年与1984年进行比较可以发现，二十年间“中流”的人数比例减少了六个百分点，“下流”的比例增加了九个百分点，整体而言，新人类世代女性的阶层意识略有下降（见图3－9）。

图3－9　阶层意识的演变（新人类世代，女性）

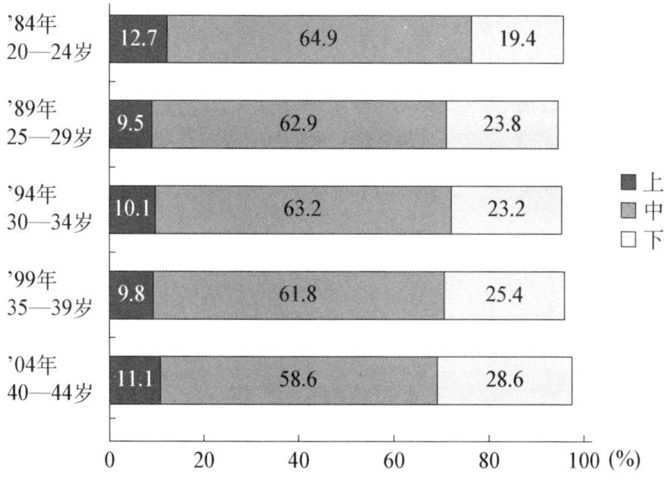

资料出处：数据源自内阁府“国民生活意识调查”，由Culture Studies研究所绘制

新人类世代的女性在上世纪80年代曾经掀起一股女大学

生、OL（“白领丽人”）的热潮，成为消费社会的生力军，但其后随着她们进入结婚、生育、育儿期，生活日趋严峻，加上经济不景气以及企业开始推行成果主义，她们的丈夫收入越来越拮据，这使得她们本人的阶层意识也相应地出现下滑，是这一人群阶层意识逐步低下的主要原因。然而在 1999—2004 年期间却出现过“上流”的比例略有回升的趋势，这或许就是中流阶层开始走向两极分化的征兆吧。

但是无论如何，比较而言，团块世代与新人类世代仍属于阶层意识较为稳定的社会人群，这一点是不言而喻的。

期望差歧

发表在日本亚马逊网（amazon. co. jp）上的关于东京学艺大学山田昌弘教授所著《期望差歧的社会》一书的书评中，有读者曾对该书作者的观点提出质疑，认为在日本经济高速增长期也存在着“期望差歧”。然而，笔者觉得这种质疑并没有命中目标。

毫无疑问，经济高速增长期也存在期望差歧，这应该是毋庸质疑的。但问题的关键不在于有没有期望差歧，而在于究竟是认为期望差歧在不断扩大的人群占了大多数，还是认为期望差歧在不断缩小的人群占了大多数，这些人群又分别是怎样的人群？

战后尤其是进入经济高速增长期以后，日本社会进入了这样一个社会：越是贫穷的人群越拥有更多的期望，而与此相对的则是，贵族、资本家、地主阶级等被剥夺了种种特权，甚至土地也被剥夺，因而对于他们来说，期望不断缩小。从前的佃农分得了田地，佃农的子女们也得以进入高中甚至大学深造，初中、高中毕业后即便是蓝领工人，但至少也有机会进入大企业工作，成为都市劳动阶级的一分子，只要付出相当的努力，照样可以被委以科长之类的管理职务。当然，成为都市劳动阶级的年轻人群也不是一夜之间便暴富起来的，但即使眼前收入尚低，他们却切切实实拥有一个期盼可以实现：只要每天认真工作，将来收入会增加，生活水平会提高。正因为如此，他们的劳动意欲十分昂扬。吉永小百合、滨田光夫的电影中描绘的就是这样的年轻人。

因此，除了极少数的个例以外，总体说来在经济高速增长期，人们的社会阶层越低，就越拥有更多的期望和可能性，而社会阶层越高却因为先前的权利被剥夺或被限制，反而期望值越低。

丧失希望的年轻人横卧街头

然而现在的情形却是，整个社会分化成了这样两大类人群：只有少数人对将来收入增多仍怀有期望，而大多数人却对将来收入增多毫无期望。曾经是大多数人都共同拥有的生活水平提高及社会阶层上升的期望，现在只为社会上的一小部分人所专有，并且一个人有无期望并不是由其本人的资质和能力等所决定，由其父母亲的社会阶层所决定的这样一种走势正在加强。

综上所述，山田昌弘教授的期望差歧论想表达的其实是这样一层意思：个人不论有无期望都是由其社会阶层决定的，换句话说，现在的社会分化成了两大阶层，即拥有希望的人群和不拥有希望的人群，并且这种阶层分化呈现出固定化的趋势，也就是丧失未来期望的人群将永远不再拥有期望。即使收入差距在不断扩大，但是只要未来还有希望将这个差距逐步缩小，则期望值的差距就不会扩大；反之，如果给人的感觉是收入差距已无法缩小，那么人们心目中的期望差歧也将不断扩大。

容忍收入差距扩大?

根据前述的“欲求调查”，团块次代的男性中对于“是否认为今天的日本社会高收入人群与低收入人群之间的差距在不断扩大”这一提问，有47%的调查对象回答“是”，另有32%的调查对象回答“有点这么觉得”，两者相加，总共有79%的人认为现在的社会收入差距在不断扩大。

从不同的阶层意识人群来看，其中属于“上流”的占75.0%，属于“中流”的占77.5%，属于“下流”的占81.3%，说明越是阶层意识低下的人群，越是明显地感觉到收入差距在拉大。

然而，对于“你是否赞成成果主义、能力主义”的提问，回答“赞成”和“基本上赞成”的人数合计比例，属于“上流”的有58.4%，属于“中流”的有60.3%，属于“下流”的有66.7%。这个结果又说明，越是阶层意识低下的人群越是对成果主义或能力主义持肯定的态度。

与此相呼应的则是，对于“是否认为论资排辈、终身雇佣有合理之处”这个提问，“上流”“中流”“下流”三个阶层分别有16.7%、17.5%和10.4%的人回答“是”，看得出越是下流阶层对论资排辈越是持否定的态度。

当然，仅仅从以上几个数据并不能够立即得出下流阶层的人群容忍收入差距不断扩大这一现状的结论，因为下流阶层中有许多人是自由职业者以及非正式雇员，他们可能根本享受不到论资排辈和终身雇佣的任何好处，又或者他们实际上与正式员工干着相同的工作，因此更加迫切希望根据各自的工作成果享受到应有的劳动报酬。

因而，在上述调查结果中，同时包含着两种正好相反的心理，即一方面是对于现状的容忍，一方面又希望这种现状得到纠正。

正式雇员与非正式雇员的差距

另一个值得引起关注的现象是，在团块次代的女性中，有

81%的调查对象认为收入差距在不断扩大，其中“上流”占76.5%，“中流”占75.0%，“下流”则令人诧异地高达93.6%。与男性相比，下流阶层的女性对于收入差距的不断扩大显得极为敏感。

这主要是因为，接受此次调查的团块次代女性中，约有21%的人为派遣雇员、计时临时工以及无固定职业的自由打工者。在这些非正式雇员中，阶层意识属于“上流”的仅为5.9%，属于“中流”的占25.0%，而属于“下流”的占22.6%。因而在这部分“中流”和“下流”的人群中，对于与从事相类似工作的正式雇员之间的收入差距大多有着强烈的切身感受。此外，还有一部分专业的家庭主妇在与没有放弃工作的同龄人进行比较时，也会强烈地意识到两者之间的收入差距，从而感觉收入差距在不断扩大。

对于成果主义，有64%的团块次代女性表示容忍，其中阶层意识“上流”者为76.4%，“中流”者为61.6%，“下流”者为61.3%。这一结果与男性的调查结果相反，越是上流阶层意识的人群反而对之越是持容忍的态度。

更加值得关注的是，对成果主义持容忍态度的比例，除了女性中的“上流”以外，包括男性在内的所有分组中都只占60%左右，唯独女性的“上流”却高达76%，这一支持率实在高得惊人。我们不妨这样设想，女性中的上流阶层与男性做着同样的工作，付出同样的辛劳，却得不到公正和完整的评价，因此，她们在感情上往往会更加倾向于成果主义。

对于论资排辈和终身雇佣制度，支持率仅有6%，其中在阶层意识“上流”的人群中支持率为零，在“中流”人群中为7.7%，在“下流”人群中为6.5%。由于女性并未享受到论资排辈和终身雇佣的好处，因而对之少有好感，特别是对于女性中的少数上流精英分子来说，论资排辈和终身雇佣制度无异于是男性社会对女性构筑的一道性别歧视的壁障，因而得不到一个人的赞同。

然而，并非所有调查对象中的上流女性都从事着与男性同样的工作，甚至还不乏不工作的女性，其中半数是家庭主妇。包含了不少与论资排辈、终身雇佣毫无利害关系的女性在内的“上流”，为什么如此支持成果主义而对论资排辈及终身雇佣制度却持强烈的否定态度呢？

不排除“上流”中只有职业女性做出强烈反应，而其余人并未作回答的可能性。但是查验了调查问卷却发现，在回答者中职业女性与专职家庭主妇的人数几乎没有什么差别。那么也有可能是，一部分现在的家庭主妇她们原来是与男性干着同样工作的职业女性，出于曾经的亲身体会而做出这样的回答；另外还有一种可能性便是，以上各种原因都不是，这些女性之所以这样回答，只是出于肯定成果主义而否定论资排辈和终身雇佣可能会对自己的丈夫更加有利。

不论是哪一种情况，就团块次代来说，以企业正式雇员为主的女性上流阶层为了反抗无能的上司以及男性构筑的性别歧视的壁障，于是强烈支持成果主义；而以无固定职业的自由打工族为主的女性下流阶层则是为了消除与正式雇员的差距，也殊途同归地支持成果主义。

然而在成果主义的旗帜下，胜出的人与失败的人之间差距却是非常大的，而与那些自由打工者等非正式雇员之间的差距就更加悬殊了。于是这里出现了一个非常棘手的问题：这种收入差距的扩大化（也就是下流化）的进程究竟能够被人们冷静地接受到什么样的程度？而那些没有取得显著成果因而收入在不断减少，却身负养育子女、住房还贷等巨大压力的人群，他们的生活将何去何从？这一问题也势必越来越严重，如果得不到很好的解决，日本的未婚化、少子化问题必将日益恶化。因为有一点是可以肯定的，那就是结婚、生育，普普通通地生活，维持普普通通的“中流”的生活越来越困难了。

第四章　年收入 300 万日元的人结不了婚？

过去 10 年间“胜”“败”分明？

本章将结合“欲求调查”的结果，来考察一下团块次代各阶层意识的人群中，在收入、结婚、家庭以及职业等方面究竟有哪些不同。

“欲求调查”除了请调查对象就其生活水平状况按照“上”“中”“下”几个梯级来回答之外，还请他们对自己过去 5—10 年的生活水平以打分方式（满分为 100 分）进行了回答（见表 4－1）。

表 4－1　团块次代各阶层意识人群过去与现在的生活水平分值

男性

（%）

		上	中	下
	n	12	40	48
过去	60 分以下	0.0	30.0	35.4
	60—79 分	41.7	50.0	50.0
	80 分以上	58.3	20.0	14.6

续表

		上	中	下
现在	n	12	40	48
	60 分以下	0.0	20.0	56.3
	60—79 分	33.3	50.0	33.3
	80 分以上	66.7	30.0	10.4

女性 （%）

		上	中	下
过去	n	17	52	31
	60 分以下	17.6	23.1	12.9
	60—79 分	52.9	34.6	41.9
	80 分以上	29.4	42.3	45.2
现在		上	中	下
	n	17	52	31
	60 分以下	5.9	13.5	54.8
	60—79 分	29.4	44.2	35.5
	80 分以上	64.7	42.3	9.7

资料出处：Culture Studies 研究所、e-FALCON 共同实施的“欲求调查”

从表中可以看出，对于男性来说，“上流”是那些自过去到现在分数提高的人，“下流”是那些自过去到现在分数降低的人，而“中流”则是那些自过去到现在分数无明显变化的人。换句话说，过去 5—10 年间的生活水平决定了一个人的阶层意识。

女性当中也存在着同样的倾向，只不过与男性相比，在“上流”的人群中对“现在”打分至 80 分以上的人远多于对“过去”打分至 80 分以上的，而在“下流”的人群中则是 60 分以下的人群呈现这一惊人增幅。换一个角度讲，即是在最近十年间，女性的胜负比男性更加明显,这种胜负影响到了她们现在的阶层意识,而这种影响则可以认为是通过收入增减、结婚与否等多方面因素来体现的。

储蓄额分化为500万日元以上和150万日元以下两极

接下来看看各个阶层意识人群的年收入情况。理所当然地,阶层意识高的人群其年收入也较一般人群更高,尤其是女性,阶层意识为“上流”的人群中有58.8%的人年收入超过700万日元(见表4-2)。这种场合,由于年收入是指夫妇双方合计起来的收入,因而基本上可以认为其实是丈夫的年收入。换句话说,如果丈夫拥有较高的年收入,则有可能提升妻子的阶层意识。

表4-2 团块次代各阶层意识人群的收入情况
(已婚者则计算夫妇二人的合计收入)

(%)

		上	中	下
男性	n	12	40	48
	300万以下	8.3	7.5	31.3
	300万—499万	16.7	40.0	56.3
	500万—699万	33.3	32.5	12.5
	700万以上	41.6	20.0	—
女性		上	中	下
	n	17	52	31
	300万以下	17.7	30.8	35.5
	150万—299万	11.8	25.0	48.4
	300万—499万	11.8	25.0	12.9
	500万—699万	58.8	19.2	3.2

资料出处:Culture Studies研究所、e-FALCON共同实施的“欲求调查”

再看一看各个阶层意识人群的储蓄情况(同样,已婚者以夫妇双方的储蓄额合计)。男性“上流”人群中33.3%的人储蓄额在1000万日元以上,25%的人储蓄额在500万—1000万日元之间,合计共58.3%的人拥有500万日元以上的储蓄。女性中也有35.3%的人拥有500万日元以上的储蓄(见表4-3)。

表4-3 团块次代各阶层意识人群的储蓄情况

(%)

	男性			女性		
	上	中	下	上	中	下
n	12	40	48	17	52	31
150万以下	8.3	35.0	56.3	23.5	44.2	80.6
150万—299万	16.7	15.0	14.6	11.8	9.6	0.0
300万—499万	8.3	12.5	12.5	23.5	19.2	19.4
500万—999万	25.0	22.5	6.3	11.8	19.2	0.0
1000万以上	33.3	15.0	10.4	23.5	7.7	0.0

资料出处:Culture Studies研究所、e-FALCON共同实施的“欲求调查”

与此相对的则是,男性“下流”人群中有56.3%的人储蓄额不到150万日元,女性“下流”人群中也有高达80.6%的人储蓄额不超过150万日元,“中流”人群中男女合计共有约40%的人储蓄额低于150万日元。

从以上调查数据可以看出,储蓄情况反映出巨大的阶层意识差距,认为自己属于上流阶层的人群大多储蓄额超过500万日元,而认为自己属于中下流阶层的人群中则绝大多数储蓄额不足150万日元,两者之间呈现两极分化的态势。

未婚者的生活满意度低下

“欲求调查”除了调查生活水平以外，还向他们了解其对个人生活的满意程度(见表4－4)。毫无悬念，阶层意识越高的人群其生活满意度也越高。不过与生活水平情况相比，阶层意识的高与低两者之间的差距不那么显著，这可能是因为有不少人即使生活水平很高但依然对生活不满，或者生活并不十分优裕却对此感到很满足的缘故。

表4－4　团块次代各阶层意识人群对生活的满意程度

(%)

		上	中	下
男性	n	12	40	48
	60分以下	0.0	15.0	41.8
	60—79分	41.7	30.0	39.7
	80分以上	58.3	42.5	18.8
女性		上	中	下
	n	17	52	31
	60分以下	5.9	9.6	32.3
	60—79分	29.4	30.7	48.4
	80分以上	64.7	59.6	19.4

资料出处：Culture Studies研究所、e-FALCON共同实施的“欲求调查”

两相比较，女性的阶层意识越高，其对生活的满意度也就越高，例如女性“上流”人群中有64.7%的人对生活的满意度超过80分，“中流”人群中对生活满意度超过80分的人也有

59.6%。而男性中的比例就没有这么高,即使身处“上流”的人也会因为劳动时间过长、结婚难等苦恼而影响了其对生活的满意度。

女性学历低就跨不进上流的门槛?

阶层意识与学历之间有什么样的关系呢?

以男性而言,高中毕业学历者中觉得自己属于下流阶层的占63.2%,似乎两者之间有着某种相关关系,不过大学毕业学历者中也有44.2%的人觉得自己属于下流阶层。反之,高中毕业学历者中也有10.5%的人自认属于“上流”,而在大学毕业学历者中这一比例也仅仅为13.5%,两者的差距并不明显。因此,虽然可以说大学毕业生的阶层意识更容易处于“中流”但谁也不能断言他们更容易挤入“上流”(见表4-5)。

表4-5 团块次代不同学历人群的阶层意识

(%)

		n	上	中	下
男性	高中毕业	19	10.5	26.3	63.2
	大学毕业	52	13.5	42.3	44.2
女性		n	上	中	下
	高中毕业	17	9.1	48.5	42.4
	大专毕业	33	18.5	60.0	21.4
	大学毕业	36	30.6	44.4	25.0

资料出处:Culture Studies研究所、e-FALCON共同实施的“欲求调查”

反之，女性的学历与其阶层意识之间的相关性却相当高。我们换一个角度，从女性大学毕业生中“上流”阶层意识人数所占的比例来看，可以发现：越年轻的人群中这一比例越高。团块次代的女性大学毕业生中有30.6%阶层意识属于“上流”，新人类世代的女性大学毕业生中则有23.8%，而团块世代仅有7.1%，昭和初年世代中为——0（见图4－1）！

图4－1　女性大学及大专毕业生中“上流”阶层意识所占的比例

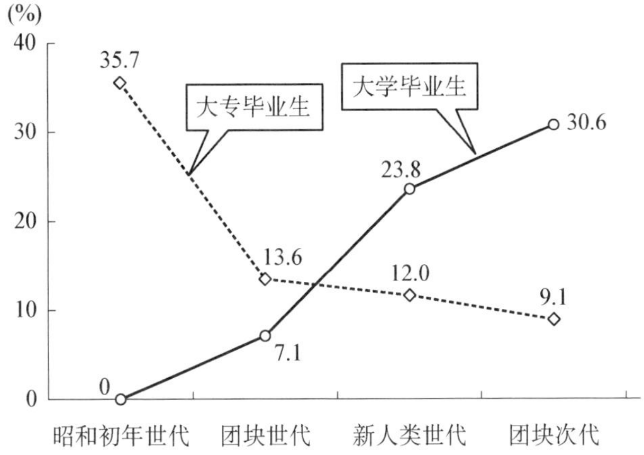

资料出处：Culture Studies研究所、e-FALCON共同实施的“欲求调查”

当大学教育越来越普及之后，年轻的大学毕业生们的阶层意识也越来越高扬。一见之下这似乎有点不可思议，因为在昭和初年，大学教育还只是一小部分人的特权，那时的女性大学毕业生理应阶层意识更加显著。为什么事实却正好相反呢？

这其实是由于以下原因造成的：近年来，随着高学历化的不断升级，高学历与高收入之间的相关性越来越突出，而大学毕业以下学历的人群，其高收入的人数比例日益减少，故此使得人们自然而然地将学历与阶层意识挂上钩，学历越高其阶层意识也越高。

另一方面，对于昭和初年世代的女子来说，阶层意识“上流”的人群中大专毕业生所占的比例非常高。在她们的时代，专科学校毕业即意味着未来的人生有所保障，她们无需进一步提高自己的学历，而是通过与高学历的男性结婚，便可跨入上流阶层。但是现代的女性更加注重依靠自己的实力来跻身上流阶层，此时学历便成为一种极为有效的资源。

要想成为一个富裕的专职家庭主妇也需要较高的学历。因为，说到与高收入的男性邂逅，当然是进入一流的大企业才可能有更多的机会，而近年来要想进入一流的大企业，即使从事一般的事务性工作，也需要四年制大学毕业才能如愿。所以说，不论是自己去挣更多的收入，还是嫁一个高收入的如意郎君，高学历的女性总是比较有利。

结婚是成为中流的先决条件吗?

再来看各阶层意识人群的婚姻状况。女性的场合，“上流”阶层意识人群中 76.5% 为已婚者，“中流”人群中有 80.8% 已婚。可见，“上流”“中流”阶层意识的人群中已婚率非常高（见表 4－6）。在“上流”阶层意识人群中，未婚者仅 3 名，占被调查人数的 17.6%，其中一人是无固定职业、与父母生活在一起的

“啃老族”；一人是年收入在150万—300万日元之间的个体经营者，也与父母一起生活；还有一人则是普通的企业职员，年收入300万—500万日元，单身生活。就本次调查而言，还没有发现未婚、有固定职业、年收入超过500万日元，且阶层意识属于“上流”的典型的“富婆型”女性。换句话说，本次调查的结果正好印证了前面所说的，即高收入的男性与已婚女性其阶层意识都明显趋高。

表4－6　团块次代不同阶层意识人群的婚姻状况

（%）

		上	中	下
男性	n	12	40	48
	未婚	33.3	27.5	77.1
	已婚	66.7	67.5	22.9
女性		上	中	下
	n	17	52	31
	未婚	17.6	17.3	41.9
	已婚	76.5	80.8	48.4

资料出处：Culture Studies研究所、e-FALCON共同实施的“欲求调查”

反观不同婚姻状况人群的阶层意识，男性未婚者有71.2%的人其阶层意识属于“下流”。由此可见，女性若是盯住那些与父母居住在一起、30来岁的富裕未婚男性作为首选结婚对象的话，从男性角度来说，未必是一种合适的战略。因为未婚容易使男性的阶层意识低下，故此那些“钻石王老五”们很可能在30岁之前便已经结婚了（见表4－7）。

表 4-7 团块次代不同婚姻状况人群的阶层意识

（%）

		n	上	中	下
男性	未婚	52	7.7	21.2	71.2
	已婚	46	17.4	58.7	23.9
女性	未婚	25	12.0	36.0	52.0
	已婚	70	18.6	60.0	21.4

资料出处：Culture Studies 研究所、e-FALCON 共同实施的"欲求调查"

而女性的情形则有所不同，即使是未婚女性，其阶层意识为"下流"的有52%，阶层意识为"中流"的也有48%，两者比例几乎不相上下。这似乎从另一个侧面印证了消费市场中令人注目的"未婚女性市场"的存在，女性未婚状况与其阶层意识低下之间并无直接联系，她们只是消费市场中最活跃的一群人。

年入500万日元是结婚的一道门槛

分析男性的收入与婚姻状况之间的关系，可以明显地看到收入越高的男性已婚率也越高，用图来描绘的话，两者的相关关系状似一条S曲线（见图4-2）。

对于男性来说，年收入如果低于150万日元的话，结婚几乎毫无希望，即使超过150万日元但低于300万日元，其结婚的可能性仍然微乎其微。年收入超过300万日元，才勉强具备结婚娶妻的必需条件；年收入超过500万日元的男性结婚之途变得非常顺畅，而年收入超过700万日元，则90%的男性可以轻松结婚，超过1000万日元更是100%都能够步入婚姻殿堂。

图 4－2　男性收入与已婚率的相关性（已婚者则计算夫妇合计收入）

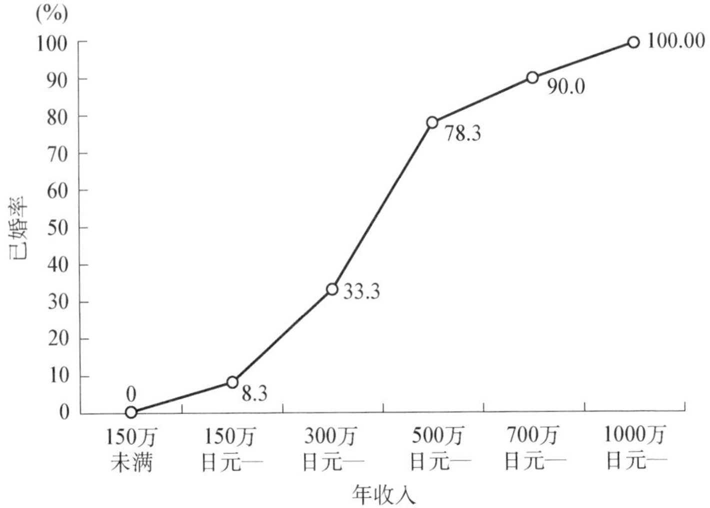

资料出处：Culture Studies 研究所、e-FALCON 共同实施的“欲求调查”

如果夫妇双方都有工作收入的话，则上述的收入数字应该为夫妇双方的合计收入，而不仅仅是丈夫一方的收入。但即使这样，男性的收入高或低，与男性能否结婚仍然具有很高的相关性，这一点不会改变。换言之，不论是丈夫的收入也好，还是夫妇双方的合计收入也好，一个家庭的年收入至少要超过 500 万日元，这似乎已成为结婚不得不跨越的一道门槛。

如今的女性可以说变得越来越奢侈了。从前的女性会期待结婚后，夫妇二人共同奋斗去打造一个富裕的小家庭，可现在的女性不再这样想了，她们期望从结婚一开始就能过上无忧无虑的富裕生活。当然不止是女性如此期望，她们的父母亲也同样如此期望。

反过来从女性收入与其婚姻状况的关系来看，已婚女性

90%以上其收入超过500万日元。当然，这里的收入也不仅仅是女性的个人收入，而绝大多数是丈夫的收入或是夫妇二人的收入。如前所述，女性对于结婚的期望是家庭的年收入至少超过500万日元（见图4-3），不过，从图中也可以看出有的家庭年收入不足150万日元，这部分家庭恐怕便是那些由不小心未婚先孕的年轻男女所组成的。

图4-3 女性收入与已婚率的相关性（已婚者则计算夫妇合计收入）

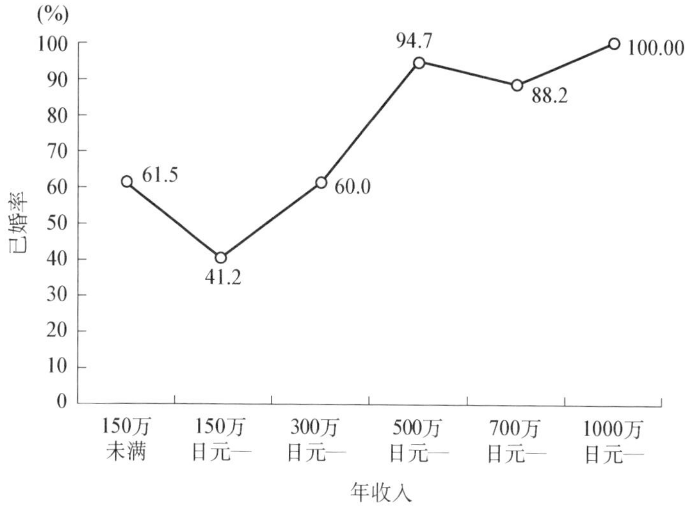

资料出处：Culture Studies研究所、e-FALCON共同实施的"欲求调查"

最近，又有新的研究报告进一步印证了笔者的调查结果。以专门研究自由就业问题而闻名的"劳动政策研究机构"的小杉礼子副研究员为总务省进行了一项"就业构造基本调查"，对其数据所作的分析清楚地表明，年收入低的男女其结婚率也相应低下（具体数据详见表4-8）。

表4－8　各年龄段不同就职状态、年收入人群的已婚率
（在读学生除外，2002年调查）

（%）

		男性				女性			
		15—19岁	20—24岁	25—29岁	30—34岁	15—19岁	20—24岁	25—29岁	30—34岁
全体合计		1.9	9.3	30.2	54.4	4.1	13.6	42.0	67.8
无职业者合计		0.3	2.2	7.5	15.8	9.3	42.0	75.4	87.7
无职业状态	求职者	0.4	3.0	9.0	20.8	3.3	18.3	49.1	70.4
	白皮书所定义的无职业者	—	—	—	—	—	—	—	—
	独身从事家务劳动者	—	—	—	—	—	—	—	—
	专职家庭主妇（主夫）	—	—	100.0	100.0	100.0	100.0	100.0	100.0
	其他无职业者	0.4	4.1	29.8	56.3	2.6	20.5	20.5	66.1
有职业者合计		2.8	10.5	32.4	57.2	1.1	6.4	27.2	52.7
就业状态	正式雇员（包括管理职）	3.4	12.2	34.7	59.6	0.4	4.4	21.2	43.8
	非典型就业者	1.6	5.7	14.8	30.2	1.2	9.0	34.9	59.9
	其中自由打工族	1.1	1.9	9.6	16.8	—	—	—	—
	个体经营者	3.1	15.6	47.9	64.5	0.0	13.5	38.0	54.5
	其他形式就业者	4.6	9.1	21.9	35.3	19.1	25.8	58.4	82.0
年收入状况	无收入或收入低于50万日元	1.4	3.4	12.7	26.5	3.9	18.7	59.6	82.0
	50万—99万日元	1.8	3.2	10.2	27.1	2.1	17.7	63.5	80.4
	100万—149万日元	1.5	5.4	15.3	29.6	0.5	7.0	30.5	55.2
	150万—199万日元	3.8	7.0	17.4	34.0	0.6	3.5	16.2	39.2
	200万—249万日元	3.9	10.4	22.8	40.8	0.0	3.8	17.8	38.1
	250万—299万日元	2.5	10.5	26.3	42.3	0.0	5.0	17.9	31.3
	300万—349万日元	5.7	16.2	35.6	52.9	0.0	6.4	21.4	40.6
	400万—499万日元	0.0	25.2	43.9	62.5	0.0	6.8	27.6	45.8
	500万—599万日元	0.0	19.3	52.7	71.0	0.0	7.7	33.7	49.6
	600万—699万日元	0.0	28.1	57.6	78.9	0.0	2.9	32.0	55.2
	700万—799万日元	0.0	35.7	52.2	76.6	—	0.0	24.7	39.8
	800万—899万日元	0.0	24.2	50.8	74.3	—	0.0	21.9	59.1
	900万—999万日元	—	62.0	42.3	65.1	—	—	22.4	67.4
	1000万—1499万日元	—	6.0	72.5	71.1	—	—	34.4	44.2
	1500万日元以上	—	0.0	73.9	90.0	—	0.0	0.0	74.7

资料出处：劳动政策研究所机构《年轻人群就业支援的现状与课题》，2005年度

根据上表中的调查数据，年龄在25—29岁、年收入500万日元以上的男性50%～60%已婚，年收入1000万日元以上者70%以上已婚。而在30—34岁的男性中，年收入500万日元以上者的已婚率为70%～80%，年收入超过1000万日元者90%以上都已结婚。

此外，筑波大学副教授白波濑佐和子根据“社会阶层与社会迁徙调查”的数据分析，1995年年收入不足150万日元的男性未婚率高达90%以上，年收入150万—250万日元的男性未婚率约为60%，同样可以得出收入越低已婚率也越低的结论。同时，年收入低于450万日元的男性在1985—1995年间的未婚率居高不下，而年收入超过450万的男性在这期间的未婚率却基本保持稳定状态；而这期间内的低学历者（高中毕业）与高学历者（大学毕业及大学毕业以上）相比，无论男性女性其未婚率都明显高出数个百分点（参见《高龄少子化社会中看不见的社会差别》）。

传统的家庭意识依然根深蒂固

考察阶层意识与家庭形态的关系则可以看出，无论男性还是女性，一个人独身生活的人阶层意识多为“下流”，其中男性达73.7%，女性达72.7%（见表4-9）。这其中，与父母亲生活在一起的“啃老”男性，这一比例更是高达74.1%，而“啃老”女性阶层意识为“下流”的却只有30.8%，“中流”倒有53.8%。这说明，与男性相比，女性对于“啃老”的自卑感似乎并不如男性那么强烈。

表4－9　团块次代各种不同家庭形态对阶层意识的影响

男性 (%)

	n	上	中	下
独身生活的男性	19	10.5	15.8	73.7
夫妇二人(双职工家庭)	12	16.7	75.0	8.3
夫妇二人(妻子为专职家庭主妇或零工)	11	9.1	45.5	45.5
夫妇二人加孩子(双职工)	4	—	75.0	25.0
夫妇二人加孩子(妻子为专职家庭主妇或零工)	18	27.8	50.0	22.2
与父母居住在一起	27	7.4	18.5	74.1
夫妇二人与老人孩子三代共同生活在一起	3	—	100.0	—

女性 (%)

	n	上	中	下
独身生活的女性	11	9.1	18.2	72.7
夫妇二人(双职工家庭)	13	23.1	46.2	30.8
夫妇二人(妻子为专职家庭主妇或零工)	16	25.0	50.0	25.0
夫妇二人加孩子(双职工)	4	25.0	75.0	—
夫妇二人加孩子(妻子为专职家庭主妇或零工)	36	27.8	50.0	22.2
与父母居住在一起	13	15.4	53.8	30.8
夫妇二人与老人孩子三代共同生活在一起	2	—	—	100.0

资料出处：Culture Studies 研究所、e-FALCON 共同实施的“欲求调查”

另一方面，凡是已婚的女性无论婚后组成的家庭形态如何，都有约25%的人感觉自己是上流阶层，而男性只有拥有一个孩子、同时妻子是专职家庭主妇的场合，才有27%的人感觉自己是上流阶层。换言之，对女性来说，结婚本身就足以使她们提升自己的阶层意识，而对于男性来说，只有当用自己的工资收入来养活妻儿的时候，方才有一种自己是上流阶层的感觉，虽说是团块次代，但其头脑中的家庭意识却出人意料的陈旧。

从上表中我们可以得出这样一个结论：男性与女性之间存在一定的收入差距，可以使双方更加容易找到婚姻的另一半，而婚后生育孩子之后，一般来说夫妇双方对生活的满意程度也更加高，这是一个无须讳言的事实。强调男女在所有方面都享有平等，这在政治生活中是完全正确的，但至少对于现阶段的大多数日本人来说，似乎并不符合他们朴素的婚姻观念。

是要700万日元还是要孩子?

再来看表4-10：年收入在500万—700万日元的23名男性中，夫妇双方共同劳动的合计不超过13%，而妻子为专职家庭主妇或外出从事计时零工的占到了60.9%。与此相对，年收入超过700万日元的13名男性中，夫妇双方共同劳动的共有8人，占61.5%，而这些家庭全部是没有孩子的两人家庭（“丁克族”）；妻子为专职家庭主妇或外出做些零工的有孩子的家庭有4人，占到了30.8%。

表4-10　不同收入层次的团块次代男性的家庭形态

（%）

	150万以下	150万—	300万—	500万—	700万—
n	7	12	45	23	13
独身生活的男性	28.6	33.3	22.2	13.0	0.0
夫妇二人（双职工家庭）	0.0	0.0	4.4	8.7	61.5
夫妇二人（妻子为专职家庭主妇或零工）	0.0	8.3	11.1	17.4	7.7
夫妇二人加孩子（双职工）	0.0	0.0	6.7	4.3	0.0

续表

	150万以下	150万—	300万—	500万—	700万—
夫妇二人加孩子(妻子为专职家庭主妇或零工)	0.0	0.0	8.9	43.5	30.8
本人与孩子二人生活	0.0	0.0	0.0	0.0	0.0
与父母住在一起(本人未婚)	71.4	50.0	33.3	4.3	0.0
三代同堂(父母、本人、孩子)	0.0	0.0	4.4	4.3	0.0
三代同堂(本人、儿女、孙辈)	0.0	8.3	0.0	0.0	0.0
其他形态	0.0	0.0	6.7	4.3	0.0

资料出处：Culture Studies研究所、e-FALCON共同实施的"欲求调查"

从女性的角度来看(表4-11)，家庭年收入超过700万日元的多数为"丁克族"，占全部被调查女性的28.6%，家庭年收入在500—700万日元的人群中"丁克族"有所减少，夫妇二人加一个孩子所组成的典型核心家庭上升至57.9%。

表4-11　不同收入层次的团块次代女性的家庭形态

(%)

	150万以下	150万—	300万—	500万—	700万—
n	13	17	30	19	21
独身生活的女性	7.7	11.8	23.3	5.3	0.0
夫妇二人(双职工家庭)	7.7	5.9	10.0	10.5	28.6
夫妇二人(妻子为专职家庭主妇或零工)	30.8	5.9	13.3	15.8	19.0
夫妇二人加孩子(双职工)	0.0	11.8	0.0	0.0	9.5
夫妇二人加孩子(妻子为专职家庭主妇或零工)	23.1	11.8	40.0	57.9	38.1
本人与孩子二人生活	0.0	5.9	0.0	0.0	0.0

续表

	150 万以下	150 万—	300 万—	500 万—	700 万—
与父母住在一起（本人未婚）	30.8	35.3	10.0	0.0	0.0
三代同堂（父母、本人、孩子）	0.0	5.9	0.0	5.3	0.0
三代同堂（本人、儿女、孙辈）	0.0	0.0	3.3	0.0	0.0
其他形态	0.0	5.9	0.0	5.3	4.8

资料出处：Culture Studies 研究所、e-FALCON 共同实施的“欲求调查”

以上数字表明，由于家庭有了孩子之后，使得不少女性辞去工作，转而专事家务，相夫教子，因而有孩子的家庭其总收入一般会有所减少，大致保持在 500 万—700 万日元的水平。假如家庭有了孩子仍然能够坚持夫妇共同工作的话，那么整个社会将会出现更多单就物质方面而言更加富裕的团块次代家庭。换句话说，我们完全有理由推测，有不少夫妇是为了保证家庭的总收入不低于 700 万日元，才不得不有所节制地少生孩子甚至不生孩子的。

团块次代中的许多人是在大都市郊外长大的，故此要想住得离父母近一些的话，势必就要远离城市中心，从而导致家庭中妻子一方无法继续工作下去。如果妻子还想继续工作下去的话，他们当然可以选择居住在城市中心，但此时必须确保家庭的总收入足以负担得起城市中心的高额住房支出；又或者，他们可以选择仍然居住在都市的郊外，但却必须依靠主要是来自妻子母亲的全面支援，帮助他们照看孩子。假如不能具备其中一个条件或同时具备两个条件，夫妇二人一面养育孩子，一面双方都继续工作，实在是一件非常困难的事情。

从女性方面来看，年收入低于150万日元的家庭中，夫妇二人以及由夫妇二人加一个孩子所组成的核心家庭占了60%还多。这其中除了个别笔误答错的之外，相当多的部分是那种婚前已怀孕生子、最后不得不结婚的年轻家庭。

女性把握住幸福的模式

如果我们看一下2005年5月进行的“第一次女性阶层化调查”中婚姻状况及各种不同家庭形态下的阶层意识，可以发现：女性在18—22岁时或者是未婚、与父母居住在一起，或者是单身一人生活，或者是结婚后与丈夫二人共同生活，这样的人群阶层意识为“下流”的比例最少，大约在33%～44%之间（见表4－12）。

表4－12 女性婚姻状况及各种家庭形态下“下流”阶层意识的比例

（%）

	18—22岁	23—27岁	28—32岁	33—37岁
未婚、与父母居住在一起	40.0	49.6	49.3	55.7
未婚、单身一人生活	44.0	63.1	60.0	47.7
与丈夫二人共同生活	33.3	41.7	37.1	36.1
与丈夫、父母居住在一起	100.0	—	40.0	60.0
与丈夫、孩子一同生活	80.0	53.6	40.7	38.2
与丈夫、孩子及父母居住在一起	75.0	71.4	29.4	22.2

资料出处：Culture Studies研究所、读卖广告社共同实施的“第一次女性阶层化调查”

而年届23—27岁时，与丈夫二人生活的女性阶层意识为“下流”的比例最少，仅有41.7%。当年龄层次进一步往上，达到28—32岁这个年龄段的时候，夫妇二人的家庭形态使得女性“下流”阶层意识的比例为37.1%，而与丈夫及父母同住在一起或者是与丈夫及孩子共同生活的女性，有约40%的人其阶层意识为“下流”；至33—37岁时，与丈夫二人生活或者与丈夫及孩子一同生活的女性这一比例为36%～38%，而与丈夫、孩子共同生活在父母身边的女性这一比例仅为22.2%。

从以上家庭形态与阶层意识之间微妙的比例关系中可以得出一个结论：女性年轻时与父母亲一同生活，婚后与丈夫共度二人世界，待怀孕生子后再与父母居住到一起，这是一种最最不易产生下流阶层意识的生活方式。虽说出乎意料地显得十分保守，但实际生活中这似乎正是女性把握住幸福的一种生活模式。

若是从这一点来思考，则可以说自从上世纪80年代以后，家庭的形态以及社会生活方式发生了剧烈的变化，日益显得多样化，可人们的意识及价值观却并不像生活方式那样丰富和多样化，或者可以反过来说，越来越多的人脱离了原来幸福的生活模式，结果生活质量反而日渐低下。

“啃老”女性年龄愈大愈“下流”

调查中另一个让我们颇感兴趣的倾向是，未婚而同父母亲生活在一起的所谓“啃老族”女性，随着她们年龄的增大，其阶层意识呈“下流”的比例也愈见增多，18—22岁时为40.0%，23—32岁时上升至将近50%，33—37岁时更上升至55.7%（见图4－4）。

图 4－4 “啃老族”女性中阶层意识为“下流”的人数比例

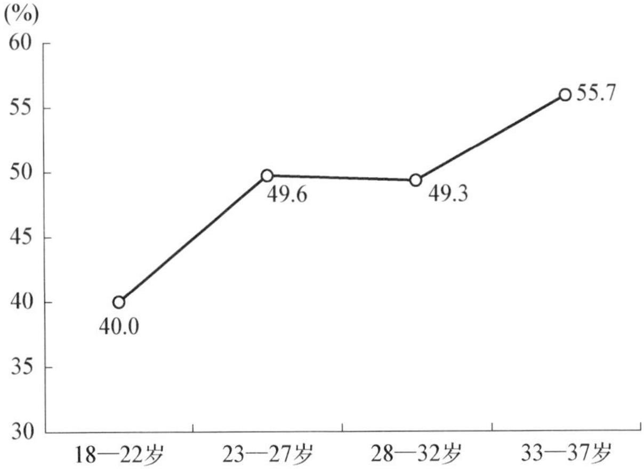

资料出处：Culture Studies 研究所、读卖广告社共同实施的“第一次女性阶层化调查”

这一倾向可以通过以下三个假设来加以解释：

假设 1：未婚这一事实本身使得女性产生不同程度的自卑感，因而随着年龄增大阶层意识愈加低下。

假设 2：年轻时阶层意识为“下流”的女性较之其他人群其后结婚更加困难，而年轻时阶层意识为“上流”的女性其后结婚却较为容易，随着年龄增大，阶层意识为“上流”的女性渐次结婚成家，于是剩下的女性中阶层意识为“下流”的人数比例就自然增多。

假设 3：根据“欲求调查”的结果，目前的阶层意识在很大程度上取决于过去五年间的生活水平是上升还是下降，同时前述的“家计经济研究所”长期跟踪调查显示，团块次代即日本

"泡沫经济"崩溃之后开始踏上社会的一代人中企业正式雇员较少,而无固定职业的自由打工族却人数众多。根据以上调查结果,过去五年间生活水平低下的女性,或是因为忙于就职、工作流动,或是作为非正式雇员以及自由打工者故而收入微薄,于是没有机会遇见合适的结婚对象,耽误了终身大事,从而对生活产生悲观,对于阶层的归属自然回答是"下流";而在过去五年间生活水平稳定提高的女性,作为企业的正式雇员持续工作,因而收入不断增加,同时也有更多的机会与高收入的男性邂逅,步入婚姻殿堂的可能性高得多,使她们对自己的生活状况较为满足,回答"上流"的比例也更高。

假设 1 的潜在意味在于提出警告,假如不结婚的话就将沦为下流阶层,也就是"败家之犬 = 败组"的翻版性假设。

假设 2 则断定阶层意识"下流"的女性会遭遇结婚难,仅这一点就更加可怕。这个假设强调的是能否结婚由年轻时所属的阶层决定,而本人的阶层通常又是由父母亲的所属阶层所决定的,可见它十足是个令人恐惧的"阶层固定化假设"。

假设 3 则将阶层意识的低下以及结婚难等归因于"泡沫经济"的崩溃,称得上是"经济决定论假设"。

究竟以上的假设中哪一个更加接近事实,单凭一次调查还不能得出正确的结论,如果仅就个别案例来看,则每个假设都有其一定的道理和准确性。但无论怎样,超过 33 岁仍然持续过着"啃老"生活的单身女性,其阶层意识为"下流"的人居多数,却是一个不容否认的事实。

年入400万日元是女性脱离“下流”的必需条件

然而并非说不结婚的女性其阶层意识就一定低下，未婚且独身一人生活的女性，在28岁之后阶层意识呈“下流”的人数反而有所减少（见图4－5）。

图4－5 未婚独身一人生活的女性中“下流”阶层意识的各年龄段人数比例

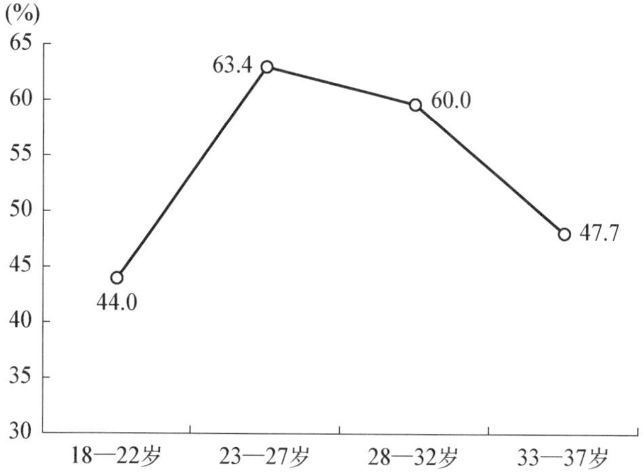

资料出处：Culture Studies研究所、读卖广告社共同实施的“第一次女性阶层化调查”

独身一人生活的女性，其收入自然较高。据说年收入超过400万日元，无论男性女性都会倾向于独身生活（参见宫本美智子著《后青年期与亲子战略》）。

事实上，根据“第一次女性阶层化调查”的数据，在23—27岁、年收入超过400万日元的女性中，有60%以上的女性过着独自一人的未婚生活（见表4－13）。此外，同一调查还显示：

个人的年收入低于400万日元的女性中,有50%的人其阶层意识为“下流”,而年收入在400万—799万日元的女性中,这一比例则减少至27.3%(见表4-14)。可见,年收入400万日元是脱离下流阶层意识的最低底线。

表4-13 不同收入层次女性的婚姻状况及家庭形态(23—27岁)

(%)

	无收入	200万以下	200万—400万	400万以上
n	69	187	210	34
未婚、与父母居住在一起	23.2	63.1	50.5	23.5
未婚、单身一人生活	5.8	13.4	43.3	61.8
与丈夫二人共同生活	24.6	9.1	4.8	11.8
与丈夫、父母居住在一起	—	—	—	—
与丈夫、孩子一同生活	39.1	13.9	1.4	—
与丈夫、孩子及父母居住在一起	7.2	0.5	—	2.9

资料出处:Culture Studies研究所、读卖广告社共同实施的“第一次女性阶层化调查”

表4-14 不同收入层次女性的阶层意识(18—37岁)

(%)

	n	上	中	下
无收入	473	12.3	48.6	39.1
200万以下	830	11.3	38.3	50.4
200万—399万	545	7.7	43.3	49.0
400万—599万	121	14.9	57.9	27.3
600万—799万	22	27.3	45.5	27.3
800万以上	9	55.6	33.3	11.1

资料出处:Culture Studies研究所、读卖广告社共同实施的“第一次女性阶层化调查”

按照这一推论来分析,随着年龄增大,独身生活的女性其下流阶层意识比例有所减少与其说是因为未婚而引致的阶层意识低下的作用，不如说是由于收入增多而产生的阶层意识提升所起的作用更大。当然，随着年龄不断增大，未婚女性已经渐渐适应了这种独身生活，并且从中体验到一种轻松、随意的生活乐趣也是原因之一。

故此，“啃老族”女性随着年龄增大其阶层意识呈现“下流化”的最大理由，前述的假设3似乎最具说服力。概括起来说，就是年龄在不断增大而收入却仍旧低于400万日元的话，就可能对其阶层意识的低下产生显著的影响。

事实上，23岁以上、年收入超过400万日元的女性中，阶层意识为“上流”的人数众多，并且越是年龄大，其比例也越是增多（见图4-6）。可见只要拥有超过400万日元的年收入，即使是年逾30岁仍旧未婚的女性，照样能够生活得很幸福。

图4-6 年收入400万以上的女性中“上流”阶层意识的各年龄段人数比例

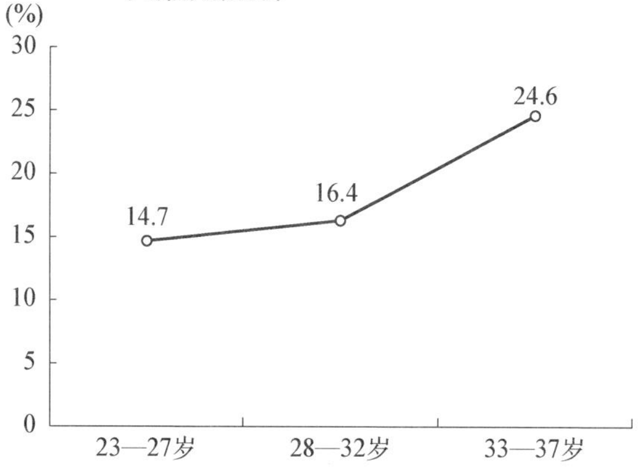

资料出处：Culture Studies研究所、读卖广告社共同实施的“第一次女性阶层化调查”

花边外谈1：永恒的门当户对婚嫁观念

《朝日周刊》自1979年以来便开始刊出一组长篇连载，题目叫："郎'财'女貌"（最初题为"夸一夸我家的新媳妇"），讲述具有一定经济和社会地位的父亲，其子大都顺利地进入大企业工作，然后迎娶一位聪慧、性格开朗、品位高雅的女性为妻的千年不变的门当户对婚嫁故事。

由于近年来年轻人中盛行晚婚，因此要想发掘到一组合适的采访对象就成了一桩颇不容易的事情（或许是因为这个原因，采访对象中父亲是原日本银行干部的例子特别多）。尽管如此，这个旨在宣扬门当户对才是人间婚姻幸福的长篇连载居然持续了这么长久，可见过去20多年间日本社会阶层固定化的情况相当严重。假如觉得《朝日周刊》的连载与自己的生活相距太大，因而引不起兴趣的话，也可以去看一下《朝日演艺》一类杂志中的文章，这些文章选取的角度不同，但宗旨却是相同的。那里刊登的故事多为父亲是"下只角"的手工匠人、儿子是经营情人旅馆的、儿媳曾经是从事色情服务的小姐，或者父亲是卡车司机、儿子是脱衣舞俱乐部的老板、儿媳原来是一名飞车党成员之类，由于门当户对，居然也能读出一幅幅幸福家庭的画面。

请看《朝日周刊》最近几期刊出的门当户对的几组例子：

父亲——原日本银行干部

儿子——三菱商事职员

儿媳——与儿子同在一家公司，擅长烹饪，爱好园艺，家中庭院里四季各种花草不绝

父亲——高级餐馆的老板兼主厨

儿子——日本旅行社职员

儿媳——爱好运动、性格爽朗

父亲——电通广告公司董事

儿子——东京广播公司(TBS)职员

儿媳——女性杂志专栏作家,品位卓尔不群,头脑敏锐,待人热心诚恳

父亲——原日本银行干部

儿子——三菱信托银行职员

儿媳——与儿子同年进入同一银行,做事精干、能力出众

父亲——酿酒公司社长

儿子——麒麟啤酒公司职员

儿媳——性格开朗、魅力十足

父亲——原警视总监

儿子——瑞穗银行职员

儿媳——原商社职员,日语讲师

企业高管的妻子最幸福吗?

接下来从各种不同职业的角度来看看阶层意识的分布情

况。男性的场合,从事行政事务工作的男性中有 18.5% 的人感觉自己属于上流阶层,但同时有 48.1% 的人觉得自己只能归于下流阶层,呈现出两极分化的分布形态,这说明在同样从事行政事务的男性中,也存在着“胜组”与“败组”两种人群。无固定职业的打工族及自由职业者尽管只有 6 名,但却全部认为自己属于下流阶层(见表 4-15)。

表 4-15　各种主要职业的阶层意识差异(男性)

(%)

	n	上	中	下
营业、市场营销	9	0.0	66.7	33.3
行政事务	27	18.5	33.3	48.1
专门职务、技术职务	33	9.1	48.5	42.4
销售、客服、个体经营、自由职业	10	0.0	50.0	50.0
计时零工、打工族、无业者	6	0.0	0.0	100.0

资料出处: Culture Studies 研究所、e-FALCON 共同实施的“欲求调查”

女性的场合,即使做着同样的辅助性事务工作,但其阶层意识仍然分别为“上流”“中流”和“下流”,而且分布人数较平均,这应该同她们各自所在企业的规模以及具体职务内容等有关(见表 4-16)。

表 4-16　各种主要职业的阶层意识差异(女性)

(%)

	n	上	中	下
行政事务	18	27.8	33.3	38.9
派遣雇员	9	11.1	55.6	33.3
计时零工、无固定职业的打工族	12	0.0	66.7	33.3
专职家庭主妇	45	15.6	62.2	22.2

资料出处: Culture Studies 研究所、e-FALCON 共同实施的“欲求调查”

专职家庭主妇中阶层意识为“中”者居多，此外自由打工族中也有66.7%的人自认为是“中”，派遣雇员也有55.6%的人自认为是“中”。

再从配偶的不同职业来看女性的阶层意识，不出预料，配偶担任企业高级管理者职务的女性中阶层意识为“上流”的人数最多，其次是从事行政事务的女性阶层意识为“上流”的也较多（见表4－17）。从中可以看出，丈夫担任企业高级管理者职务这一美国式的家庭幸福观念，自“1955年体制”确立以来，至今仍然具有强大的影响力。

表4－17　女性配偶的不同职业对其阶层意识的影响

（%）

	n	上	中	下
高级管理者	7	42.9	57.1	0.0
行政事务	8	25.0	62.5	12.5
专门职务、技术职务	26	19.2	57.7	23.1
营业、销售	10	10.0	80.0	10.0
客户服务、个体经营、自由职业	10	0.0	50.0	50.0

资料出处：Culture Studies研究所、e-FALCON共同实施的“欲求调查”

研究生造就“上流”，自由打工族造就“下流”

根据“第一次女性阶层化调查”的结果，大学生、研究生的阶层意识显著高于其他人群（见表4－18），尤其是研究生毕业的女性，其阶层意识为“上流”的占25%，而“下流”的仅有18.8%。

表 4-18　各种不同职业女性的阶层意识(18—37岁)

(%)

	n	上	中	下
研究生	16	25.0	56.3	18.8
大学生	272	21.7	47.4	30.9
个体经营者、企业(含社会团体)高管人员	21	19.0	23.8	57.1
企业综合事务	95	15.8	49.5	34.7
自由职业者、无固定单位的非正规就业者	47	12.8	36.2	51.1
辅助从事家务劳动者、无业(专职家庭主妇除外)	62	11.3	30.6	58.1
专科学校学生	36	11.1	47.2	41.7
大专学生	9	11.1	44.4	44.4
企业辅助性事务	373	10.2	43.4	46.4
专职家庭主妇(完全不工作者)	404	9.9	52.2	37.9
专职家庭主妇(偶尔外出从事计时零工者)	115	8.7	39.1	52.2
其他企业正式雇员	24	8.3	50.0	41.7
专职家庭主妇(依据兴趣适当工作者)	59	6.8	52.2	40.7
派遣雇员、兼职雇员	246	6.5	35.8	57.7
普通店员、营业员、饮食及其他服务业者	39	5.1	46.2	48.7
自由打工族	169	4.1	29.6	66.3

资料出处：Culture Studies 研究所、读卖广告社共同实施的“第一次女性阶层化调查”

在笔者这个年龄段的人眼中，说到研究生，给人的感觉就是囊中空空、靠做编外助教挣点生活费，成天疲倦不堪，而近年来的研究生特别是女研究生，却仿佛成了富裕家庭小姐闺秀们乐此不疲的一种兴趣爱好，似乎三十年前唯私立教会女校不读的上流阶层家庭的女性，如今都一窝蜂地进入研究生院去深造了。

从阶层意识多“上流”而少“下流”这个意义上讲，企业中的综合事务职位也与此相似，而这也完全是在预料中的。另一方面，自营业者、无固定单位的自由职业者、从事辅助家务劳动者、无业者（专职家庭主妇除外）、家庭主妇（偶尔做些计时零工）、派遣雇员、兼职雇员等女性中却有多达50%以上的人阶层意识为“下流”，尤其是无固定单位的自由职业者中这一比例更是高达66.3%。

这一结果与“欲求调查”的结果有所出入，考虑到样本数的多寡等因素，这个结果似乎应该更加接近现实。

从女性从事的不同职种的收入状况来分析，担任高级管理者、综合事务职务的女性，在23—27岁时年收入超过400万日元的有33%～35%，至33—37岁时，担任高级管理者的女性100%年收入超过了400万日元，担任综合事务职务的女性也有70.6%年收入超过了400万日元（见表4－19）。可见，以上职种的女性随着年龄增长其收入也实实在在有所增加。

表4－19　从事不同职种的女性个人收入状况

（%）

	33—37岁女性					23—27岁女性				
	n	无收入	200万以下	400万以下	400万以上	n	无收入	200万以下	400万以下	400万以上
高级管理者	3	—	—	66.7	33.3	4	—	—	—	100.0
企业综合事务	46	—	6.5	58.7	34.8	17	—	5.9	23.5	70.6
企业辅助性事务	132	—	21.2	71.2	7.6	88	—	10.2	60.2	29.5
普通店员、营业员、饮食及其他服务业者	14	—	57.1	35.7	7.1	5	—	20.0	40.0	40.4
其他企业正式雇员	10	—	20.0	60.0	20.0	5	—	40.0	20.0	40.0

续表

	33—37岁女性					23—27岁女性				
	n	无收入	200万以下	400万以下	400万以上	n	无收入	200万以下	400万以下	400万以上
派遣雇员、兼职雇员	85	1.2	30.6	65.9	2.4	60	3.3	28.3	60.0	8.3
自由打工族	57	3.5	73.7	21.1	1.8	11	—	81.8	18.2	—
专科学校学生	5	40.0	60.0	—	—	—	—	—	—	—
大学生	9	33.3	55.6	11.1	—	—	—	—	—	—
研究生	11	27.3	72.7	—	—	—	—	—	—	—
专职家庭主妇(偶尔外出从事计时零工者)	14	—	100.0	—	—	58	3.4	91.4	5.2	—
专职家庭主妇(依据兴趣适当工作者)	12	16.7	83.3	—	—	22	4.5	86.4	—	9.1
专职家庭主妇(完全不工作者)	60	78.3	20.0	1.7	—	194	86.1	12.4	1.0	0.5
辅助家务劳动者、无业(家庭主妇除外)	24	37.5	62.5	—	—	7	42.9	57.1	—	—
企业(含社会团体)高管人员、个体经营者	6	—	50.0	50.0	—	5	20.0	60.0	20.0	—
自营业者、无固定单位的自由职业者	12	—	66.7	25.0	8.3	22	—	50.0	36.4	13.6

资料出处：Culture Studies研究所、读卖广告社共同实施的“第一次女性阶层化调查”

与此相对的是，23—27岁的自由打工族年收入在200万日元以下的人数众多，比例达73.7%，33—37岁时不满200万日元的人数比例更是增加至81.8%。

派遣雇员在23—27岁时有65.9%的人年收入在200万—400万日元之间，至33—37岁时这一比例略降至60.0%，年龄增长了十岁，但是收入却几乎毫无增加。这也很容易理解，因为她们一直作为派遣雇员或是自由打工族从事着各色各样的工作，其收入是很难提高的。

派遣雇员、自由打工者不利于结婚和生育

如果我们从各种不同职业来就婚姻状况及家庭形态作一考察,则可以发现:女性派遣雇员及自由打工者在结婚和生育方面处于很不利的境地(见表4-20)。

表4-20　各种不同职业与婚姻状况及家庭形态的关系

[23—27岁]　(%)

婚姻状况及家庭形态	n	未婚		已婚无子		已婚有孩子	
		与父母共同生活(啃老族)	独身生活	与丈夫二人生活	与丈夫及父母共同生活	与丈夫及孩子一起生活	与丈夫孩子及父母共同生活
企业综合事务	46	54.3	39.1	4.3	0.0	2.2	0.0
企业辅助事务	132	53.0	39.4	6.8	0.0	0.8	0.0
派遣雇员、兼职雇员	85	47.1	43.5	8.2	0.0	1.2	0.0
自由打工者	57	73.7	26.3	0.0	0.0	0.0	0.0

[28—32岁]　(%)

婚姻状况及家庭形态	n	未婚		已婚无子		已婚有孩子	
		与父母共同生活(啃老族)	独身生活	与丈夫二人生活	与丈夫及父母共同生活	与丈夫及孩子一起生活	与丈夫孩子及父母共同生活
企业综合事务	22	31.8	40.9	13.6	4.5	9.1	0.0
企业辅助事务	122	43.4	32.8	12.3	1.6	9.0	0.8
派遣雇员、兼职雇员	81	46.9	27.2	23.5	0.0	2.5	0.0
自由打工者	26	69.2	26.9	2.8	0.0	0.0	0.0

[33—37 岁]　(%)

婚姻状况及家庭形态	n	未婚		已婚无子		已婚有孩子	
		与父母共同生活（啃老族）	独身生活	与丈夫二人生活	与丈夫及父母共同生活	与丈夫及孩子一起生活	与丈夫孩子及父母共同生活
企业行政事务	17	29.4	29.4	23.5	0.0	11.8	5.9
企业辅助事务	88	18.2	37.5	22.7	0.0	21.6	0.0
派遣雇员、兼职雇员	60	35.0	21.7	36.7	1.7	5.0	0.0
自由打工者	11	63.6	27.3	0.0	9.1	0.0	0.0

资料出处：Culture Studies 研究所、读卖广告社共同实施的“第一次女性阶层化调查”

进一步对职业按照年龄段来细分，则从事企业一般辅助性事务工作的女性在 23—27 岁时有 53.0% 的人未婚，并且与父母亲生活在一起，还有 39.4% 的人未婚但独身一人生活。然而到了 28—32 岁年龄段，所谓的“啃老族”却并不见减少，仍然有 43.4%，同时还有 23.7% 的人结婚，其中有 9.8% 的人生育了孩子。在 33—37 岁年龄段的女性中，有 44.3% 的人已婚，并且有 21.6% 的人育有孩子。在 23—27 岁年龄段时有 132 名女性从事企业辅助性事务工作，至 33—37 岁年龄段时已减为 88 人，即减少至原来的三分之二，另三分之一据推测是以结婚或生育为契机而辞去了工作。

而从事企业综合事务工作的女性，在 23—27 岁年龄段时未婚且与父母生活在一起的人有 54.3%，与从事企业一般辅助性事务的人数相差无几，至 28—32 岁年龄段时有 27.2% 的人已婚，其中 9.1% 的人育有孩子。27.2% 已婚，这个比例看上去似乎多于从事一般辅助性事务的女性，但是如前所述，是因为从事一般辅助性事务的女性有不少人结婚后辞去工作所致，而非从事综合事务的女性结婚早的缘故。

乍一看，容易让人产生一个错觉，似乎从事企业综合事务工作的女性相对来说结婚较晚，但就表中数据来看，并不能得出这样的结论。可以说，从事企业综合事务工作的女性与从事一般辅助性事务工作的女性一样，结婚、生育的进度无甚明显的差异。

值得注目的倒是，28—32 岁年龄段已婚无子、从事企业综合事务工作的女性中，有 4.5% 的人与父母生活在一起，至 33—37 岁年龄段时，尽管有 41.2% 已婚，并且其中 17.7% 的人已经育有孩子，但是仍然有 5.9% 的人与父母生活在一起。换句话说，对于从事企业综合事务工作的已婚女性来说，使其能够继续工作下去的一个重要原因，便是女性的母亲帮忙替其照看孩子，在周刊 *AERA* 的特辑中也经常会读到类似的报道。

不过，从事企业综合事务工作的女性在 23—27 岁年龄段时有 46 人，至 33—37 岁年龄段时减为 17 人。虽然以上数据并非针对同一世代的长期跟踪调查，因而还不能够断言，但至少可以认为存在着这样的可能性，即从事企业综合事务工作的女性，自进入企业起经过约十年的时间，也有约三分之二的人因结婚和生育而辞去了工作。

再看派遣雇员的情形又如何呢?

派遣雇员及兼职雇员的人数并没有随着年龄的增大而大幅减少，23—27 岁时共有 85 人，33—37 岁时仍有 60 人。

派遣雇员在23—27岁年龄段时有47.1%的人未婚且与父母生活在一起，略少于从事企业综合事务或辅助性事务工作的女性，而独身一人生活的有43.5%，略多于从事企业综合事务或辅助性事务工作的女性。出现这种反差的个中原因尚不明了，估计是从地方城镇来到大都市工作的女性，在就职方面处于不利的地位，较难成为企业正式雇员的缘故吧。

派遣雇员在28—32岁年龄段时仍然未婚并且与父母生活在一起的有45.9%，但是独身一人生活的人数却有所减少，已婚比例为26.0%，然而其中育有孩子的却仅有2.5%，明显低于从事企业综合事务或辅助性事务工作的女性。至33—37岁年龄段时，仍有35.0%的人坚持与父母生活在一起，已婚率虽上升至43.4%，但育有孩子的人数比例仍只有极低的5.0%。

根据以上的调查结果，不难得出这样一个假设，即派遣雇员这种雇佣形式，对于女性的结婚以及生育是非常不利的。目前日本旨在应对少子化问题的政策更多的是面向企业中包括从事综合事务和一般辅助性事务工作的女性正式雇员，是针对她们的实际困难而拟就的对策，而现今派遣雇员及兼职雇员不断增多，并且她们即使坚持工作，收入却依然长期得不到提升，因而给结婚及生育都带来极大影响的情况下，假如拿不出更好的对策打破这种不合理的现象，则从根本上解决少子化问题恐怕只能是一句空话。

最后来看看自由打工族的情况。自由打工族在23—27岁年龄段时有73.7%的人与父母生活在一起，28—32岁年龄段时仍有69.2%的与父母一起生活，而已婚率仅有3.8%，育有孩子的人数为零。至33—37岁年龄段时，仍有63.6%的人与父母生活在一起，而已婚者仅有1人，占比例为9.1%，并且还是与父母生活在一起，而育有孩子的人数比例仍然为零。

当然，女性结婚后多回答职业为专职家庭主妇，而结婚后仍然以自由打工者身份回答调查的，只能是那些婚后与父母生活在一起、"啃老"的自由打工族夫妇，即夫妇双方都为无固定职业的自由打工族，他们因为收入微薄，不足以独立负担一个家庭的庞大支出，只能选择继续生活在父母身边。在本次调查中，有一个案例便是这样的女性。

家庭形态多样化了幸福却未必多样化

通过如上从婚姻状况、家庭形态、职业等多个角度来考察人的阶层意识，我们可以大胆地得出一个结论：传统的理想化的结婚模式及家庭形态模式并没有弱化，更不能断言它已经过时。

的确，伴随着女性走出小家庭、踏上社会，积极参与到社会生活的方方面面中去，女性的生活方式变得更加多样化了，由此也带来了由夫妇二人所组成的核心小家庭的增多等家庭形态多样化，但是，家庭形态的多样化却未必同时带来幸福模式的多样化。

当然，这或许只不过是社会进入到一个过渡期时所产生的特殊问题。但是，至少目前的生活现状却明白无误地告诉人们：阶

还是专职家庭主妇最幸福?

层意识最高、生活满意度最高的家庭是那些由高收入的丈夫与专职家庭主妇以及孩子所组成的物质上无忧无虑的家庭,其次是由夫妇二人组成的富裕的“丁克族”家庭。事实上,并没有出现有人曾经预计的那种所谓多样化的幸福模式,即无论未婚或是已婚,独身一人生活或是与父母生活在一起,当一名专职家庭主妇或是夫妇两人同时工作,而能够产生同等的阶层意识以及生活满意度。

花边外谈2:恋爱也会遇到阶层的壁障

恋爱结婚是“1955年体制”下的梦想

所谓恋爱结婚,可以说是在“1955年体制”下发展起来的婚姻形式。事实上,1955年日本的恋爱结婚率只有35%左右,而至1975年就猛增到了65%。

"1955年体制"是加速实现现代化的社会体制,在政治上推进民主,在经济上实行工业化。与之相适应,日本各地的都市化和大众消费社会化也日增月长,在就业方面,职业化、雇佣化也日渐成熟,众多的人由农民、自营手工业者变成了雇佣劳动者,家庭的形态则由几代同堂的大家庭逐渐演变为夫妇二人加孩子组成的核心小家庭,教育呈现高学历化,文化领域则是个人主义的不断进化……恋爱结婚便是植根于由"1955年体制"带来的这一系列社会变化潮流中的。

说起来,没有民主化也不可能有恋爱结婚,一个缺少个人自由的社会是很难产生出恋爱结婚这种婚姻形式的,因为存在着阶层以及个人身份差异的壁障,恋爱结婚势必会受到阻碍。从这个意义上讲,恋爱结婚是最适合中流化时代的一种婚姻形式。

记得上世纪70年代以前,出身阶层悬殊的青年男女为了爱情不惜私奔,以反抗家庭干涉,勇敢地去追求自己的幸福的电视连续剧曾经泛滥于荧屏,那是因为人们都坚信只有冲破阶层和门第的束缚,才是真正的恋爱结婚和浪漫的爱情。笔者就曾经访问过这样一位年轻人,其父母亲都是团块世代,母亲出身于著名政治家之家,却不肯按部就班地进入淑女名媛扎堆的私立女子大学,而是不顾一切选择了早稻田大学,并与出身"下只角"的父亲相识并结婚(参见三浦展著《失去工作就是迷失自我》)。

晚婚化的理由在于阶层化

但是,像这样的自由恋爱在上世纪70年代达到了其辉煌的巅峰,80年代以后,日本社会逐渐呈现阶层分化,于是自由恋爱结婚重新变得困难起来。

80年代以后晚婚盛行,这其中的理由除了女性日渐进入到社会生活中之外,还有各种各样的原因。但最最主要的原因却是,自80年代开始日本社会的阶层分化导致自由恋爱结婚变得困难重重,而这一点除了小仓千加子和山田昌弘等人之外,似乎谁也不愿意承认。

事实上,结婚是最能够连结相同阶层的人的行为,什么个人权利啦、恋爱自由啦,等等,不同阶层的人之间邂逅的机会本来就很少,即使邂逅,一般也较难发展成为恋爱和结婚的对象。一流大型企业的白领精英是不会娶一个在娱乐场所工作的女孩为妻的,身价数千万的富婆也不可能看上替自己公司打扫办公室的小伙子,因为两人之间的职业、收入、学历、品位等,各方面完全都不在同一个档次。阶层不同连交流都会很困难。即使对方是再优秀的人,但一旦到了结婚的关节,种种现实的问题都会摆到面前来,不由人不细加考虑。筑波大学的白波濑佐和子副教授在其所著《高龄少子化社会中看不见的社会差距》一书中曾指出,90年代后期人们的结婚行为背后,确实存在着学历、出身阶层、个人收入差距等阶层性因素的影响。

宫台真司先生为何结婚？

这里且举一桩真实的事情为例。专门鼓吹、宣扬女子高中生从事不道德的援助交际[1]活动的社会学家宫台真司先生，不知道是不是因为厌倦了同“拖油瓶”女记者的同居生活，突然心血来潮与东京大学某名誉教授的女儿、毕业于日本女子大学的纯情女子“四目相对，一阵激颤袭遍全身”，产生了爱情。如今的时代，纯情女子简直像活化石一般珍稀，况且对方比他小了足足20岁。据说女方的父亲曾经给他一声当头棒喝：“我们是基督教家庭，一旦结婚就绝不可以离婚的！”但尽管如此，这位宫台真司先生还是与那位女子携手步入了婚姻殿堂（见《新潮周刊》2005年3月17日报道）。

宫台真司先生为何会感觉到“一阵激颤袭遍全身”？难道不是因为那位女子和他同属一个阶层的缘故吗？一个家族都是东京大学毕业生，祖父不仅是东京大学教授、著名的生物学家，还曾担任过昭和天皇御前侍讲。这样一位出身望族世家的女性与他正好门当户对，因此宫台真司先生才会对她产生倾慕之情，难道不是这样吗？尽管宫台真司先生本人热衷于抨击现存体制、

---

1 援助交际：主要在日本年轻女性（尤其是尚未步入社会的女子高中生）中进行的一种性交易形式，一般由成年男子向少女提供金钱、服装、饰品等所谓的物质“援助”，少女则向男子提供性服务。最初广义指以金钱为目的、不伴随性行为的男女交际，但现在已经成为少女及一般良家妇女卖淫的代名词。

主张将卖春合法化，但是一旦涉及到自身的婚姻大事，他仍然无法去打破阶层的壁障。这就是一个恋爱结婚受制约于阶层的再有力不过的证据。

假如上野千鹤子女士嫁给一个英俊潇洒的医生，安安分分当一名专职家庭主妇，一定会遭到世间的嘲笑。然而，竭力鼓吹少女援助交际的宫台真司先生的结婚尽管同样如此保守，却没有人发出任何异议，究竟是为什么？其实无他，还是那句话：在阶层化的时代恋爱结婚势必遭遇阶层这一无法轻易逾越的壁障。

第五章　追求自己的个性是“下流”？

越是“下流阶层”越追求自己的个性

根据“欲求调查”的结果，在团块次代的男性当中，举出“生活中所重视的事”是“有个性”的，在阶层意识为“上流”的人群中占25%，在“下流”人群中则占到41.7%。同样，认为“生活中所重视的事”是“自立、自我实现”的，在阶层意识为“上流”的人群中占16.7%，而在“下流”人群中则占29.2%。

团块次代的女性当中，尽管上流阶层希望“有个性”的占到了35.3%，但下流阶层中有此愿望的人数比例更是高达51.6%；有“自立、自我实现”愿望的，上流阶层仅占5.9%，而下流阶层则占19.4%（见表5－1）。

为什么会这样呢？追求“有个性”和“自我实现”的人，在职场上也是按自己的方式我行我素。但正因为如此，想要得到高收入是困难的，所以他们往往成为低收入者，生活水平也较为低下。据推测，这样的恶性循环将会继续下去。

表 5－1　不同阶层意识的团块次代人群最重视的事物(主要选项)

男性·阶层意识越高越重视的事物　(%)

	上	中	下
n	12	40	48
生活宽裕	66.7	37.5	43.8
亲友及人际关系	50.0	42.5	31.3
创造性	33.3	17.5	16.7
有活力、积极性	33.3	10.0	16.7

男性·阶层意识越低越重视的事物　(%)

	上	中	下
n	12	40	48
有个性、按照自己的方式生活	25.0	25.0	41.7
自立、自我实现	16.7	20.0	29.2

女性·阶层意识越高越重视的事物　(%)

	上	中	下
n	17	52	31
生活宽裕	64.7	50.0	32.3
美丽、时髦	29.4	21.2	16.1
公正、品行良好	41.2	21.2	16.1

女性·阶层意识越低越重视的事物　(%)

	上	中	下
n	17	52	31
有个性、按照自己的方式生活	35.3	44.2	51.6
亲友及人际关系	35.3	44.2	51.6
人生价值	17.6	28.8	32.3
自立、自我实现	5.9	17.3	19.4

资料出处：Culture Studies 研究所、e-FALCON 共同实施的“欲求调查”

团块世代与团块次代的差异

然而,团块世代和团块次代呈现的倾向却相反,特别是阶层意识为“上流”的团块世代男性,其追求个性以及自我实现的愿望非常强烈。“有个性、按照自己的方式生活”的愿望,在阶层意识为“下流”的人群中只占29.7%,但在“上流”人群中却占到了64.3%。有“自立、自我实现”愿望的人在“下流”阶层意识人群中占18.9%,但在“上流”阶层意识人群中却达35.7%之多(见表5-2)。

表5-2　不同阶层意识的团块世代男性最重视的事物

(%)

	上	中	下
n	12	40	48
有个性、按照自己的方式生活	64.3	35.4	29.7
自立、自我实现	35.7	14.6	18.9

资料出处:Culture Studies研究所、e-FALCON共同实施的“欲求调查”

这是什么原因造成的呢?

团块世代在其年轻的时候,追求“按照自己的方式生活”的愿望也是下流阶层比上流阶层来得强烈,但后来有“按照自己的方式生活”愿望的人渐次因事业成功故而自我意识跻身“上流”。相反,“按照自己的方式生活”愿望薄弱的人,则过着平凡的上班族生活,最终在经济不景气的大环境中被裁员而成为下流阶层。这样的解释或许是比较符合现实情况的。

不过，另外还有一种非常自然的解释，那就是团块世代的上流阶层从年轻时就不断抒发“最好做自己喜欢的事情”的胸襟，并在过去三十年中逐渐形成为一种社会风潮。随着社会富裕程度的逐渐提高，这股风潮也同步渗透到了年轻世代的下流阶层中。

但是，如果仅此而已的话，那么团块次代中的上流阶层其追求“有个性”“自我实现”的愿望应该是最强烈的，完全没有理由如此之低。

这样看来，“上流”价值观向年轻世代渗透的结果，使得原本就只想做自己喜欢的事情，而不愿意做自己不喜欢的事情的年轻人愈加“下流化”，助长了年轻人中低收入人群的不断增多，使其“下流”的比例有增无减。

用具有象征性的话来表述，那就是年轻人读了村上龙的《13 岁的 Hello Work[1]》，就信以为真地觉得确实应该去发现自己真正喜欢的事情，然后以此作为自己的终身工作，于是开始寻找自我，结果始终不愿进入企业正规就业，即使到了 30 岁依旧满足于自由打工族的低收入生活，故此造成低收入阶层逐渐固定化的危险性日益增加。

“以自己的方式自由生活”是一道人生咒语

当被问及“关于你对人生的看法，下列选项中哪一项最接

1　Hello Work：日本的职业介绍机构，正式称呼是公共职业安定所。

近”时，团块次代男性中选择“以自己的方式自由生活”的，阶层意识为“上流”的占58.3%，“中流”占57.5%，“下流”则占到了75%（见表5－3）。同样地，新人类世代、昭和初年世代中选择此项的也是“下流”居多。与此相反的情况则出现在团块世代男性中，他们的情况是：阶层意识为“上流”的占64.3%，“中流”占47.9%，“下流”占56.8%，阶层意识越往“上流”选择这一选项的人越多。

表5－3　各世代不同阶层意识的人群中选择“以自己的方式自由生活”作为自己人生观的人数比例

（%）

		上	中	下
团块次代	男性	58.3	57.5	75.0
	女性	64.7	57.7	64.5
新人类世代	男性	62.5	52.1	75.0
	女性	76.9	65.4	57.1
团块世代	男性	64.3	47.9	56.8
	女性	69.0	51.7	61.0
昭和初年世代	男性	55.6	55.4	67.6
	女性	50.0	59.7	72.2

资料出处：Culture Studies研究所、e-FALCON共同实施的“欲求调查”

在女性方面，团块次代的女性没有因为阶层意识的差异而产生选择差异，昭和初年世代选择此项的以下流阶层居多，而在新人类世代和团块世代中则是阶层越往“上流”选择的人数越多。

总而言之，团块世代不论男女，都是阶层越往“上流”，支持所谓“以自己的方式自由生活”这一人生观的人数就越多。

“尊重个性的家庭”也是下流阶层居多

颇为耐人寻味的是，在回答何为理想的家庭的时候，选择“尊重个性的家庭”“各自独立的家庭”的人数，在团块世代中不论男女，都是上流阶层中所占比例较高（见表5-4）。

表5-4　不同阶层意识人群选择“尊重个性”为理想家庭者的比例

（%）

		上	中	下
团块次代	男性	16.7	32.5	43.8
	n	12	40	48
	女性	35.3	40.4	48.4
	n	17	52	31
团块世代	男性	71.4	31.3	37.8
	n	14	48	37
	女性	84.6	53.4	41.4
	n	13	58	29

资料出处：Culture Studies研究所、e-FALCON共同实施的“欲求调查”

然而，在团块次代当中，认为这样的家庭才是理想家庭的人却是“下流”者居多。看来，所谓像朋友一般的亲子关系，已经作为一种生活样式，从团块世代的上流阶层蔓延到团块次代的下流阶层了。

的确，所谓“有个性”或“我行我素”这样的说法，是在团块世代的青年期开始出现的，此后逐渐扩大到整个社会。例如，

1967年开始销售的面向团块世代男性的资生堂化妆品“MG5”，将男性的个性表现作为广告的诉求重点，1970年左右日产汽车公司“蓝鸟”轿车的广告语则是“优秀的个性集团”。除此之外，在笔者的印象当中，上世纪70年代的广告里经常使用像“个性”这样的词汇。

总之，作为消费社会主力军的团块世代，在上世纪60年代以后可以说是把“有个性”当成了一件好事，特别是那些左右社会舆论的阶层，几乎把追求个性的志向当成咒语一般拼命念个不停。

在过去三十年中，日本社会逐渐发展成为以团块世代为中心的社会，重视个性与自我主张的思想也随之渐渐蔓延，社会也更加富庶了，在此过程中，日本社会终于成为这样一个社会：即使是下流阶层的年轻人，也开始拼命注重起个性和所谓的“自我主张”来。

越是低阶层的年轻人自我感觉越强

不过，自我主张泛滥整个社会却造成了一个逆反现象：年轻一代越是“下流”阶层其追求个性的志向越强烈，而越是“上流”阶层其追求个性的愿望反而显得薄弱，这种状况实在有点难以理解。

但是，这样的状况一般被认为与教育社会学家、东京大学研究生院教授苅谷刚彦的观点是遥相呼应的，他指出父母阶层较低的高中生往往有较多的人自认为在学习之外能力较强。

根据苅谷教授的说法，在1979年实施的调查当中，回答“自己有优于他人的地方”（也就是有自我能力感）的高中生，父母学历越高人数越多。但是在1997年的调查中，同样的问题却没有显示出父母学历高低的影响，不论父母的学历是高还是低，高中生都认为自己有优于他人之处。

单就这一点来看，似乎是一件好事。

但是，根据苅谷教授的调查，在1979年越有自我能力感的学生，在课外所花的学习时间越长。相比之下，至1997年，有自我能力感和校外学习时间长短的相关性已经逐渐消失，不仅如此，有自我能力感的学生，甚至还有缩短课外学习时间的倾向。

此外在1979年，越是有自我能力感的学生，越是追求更高的学历。但是在1997年，有自我能力感的学生已经变得不那么追求高学历了。

在老弱病残专座上睡觉的年轻人

除此之外，从出身阶层较低的学生身上可以看出这样一种特有的倾向，即有着强烈的“现在志向”，也就是觉得“与其考虑将来的事情，不如快快乐乐过好现在的生活”的人，其自我能力感也较强。同时，对所谓的“成功神话”持否定态度，也就是觉得“即使努力学习，然后进入好学校或好公司，将来生活也不会有多大差异”的人，其自我能力感往往也较强。

总之，出身阶层越低的高中生，在学校、学习以外的地方，越是感觉自我优越。如果我们换个角度，将自我能力感理解成一种自我主张或自我实现，或许正好可以说明：所处阶层越是“下流”的人，其追求个性、追求自我主张的志向就越强烈。

无法从自我主张的梦中走出

笔者不是教育学者，因此不认为具有自我能力感的年轻人越来越多是个问题。在学校以外，主要是亚文化等领域里，我们应该能够期待将来从这些自我能力感较强的年轻人当中，或许会诞生出优秀的漫画家、动画家以及音乐家来。

当然，如果说有问题的话，或许就是那些在学校或学校以外都缺乏自我能力感的高中生，他们不想在学校里学习，只是一味做着与学习无关的也是无法实现的有关亚文化的梦。如果既没有能力，又一味空想做梦，始终无法从梦中回到现实来，那倒的确是个问题。

团块世代从二十多岁到四十多岁，也就是从上世纪70年代后期到80年代末期，当时日本的经济尽管成长速度放缓，但依然持续成长，加上其间有“泡沫经济”的推动，所以那些一味追求自我主张的人也能够较容易地获得成功。例如笔者所处的营销策划行业中，类似嬉皮士的人也为数不少。或许行业之外的人士会提出疑问：为什么嬉皮士也能够从事营销策划工作？不过事实就是如此。

但是谁也无法保证像那样的经济成长今后还能够长久持续下去。靠着自我主张生活的话，想要获得稳定的经济收入或一定的社会地位，其可能性势将越来越小，只能作为自由打工族或“NEET[1]族”而终其一生，这种可能性倒是极高，故此必须认真思考这种现象对社会所造成的负面影响。

自我主张派的阶层意识和生活满意度双双低下

自我主张志向强烈并不意味着一定能够实现自我主张。虽然以追求自我主张为志向，却无法真正实现愿望的人，不仅对生活的满意度无法提高，而且低收入也使得他们的阶层意识日渐低下。

事实上，回答在生活当中重视自我主张的人（自我主张派）和没有作出如此回答的人（非自我主张派），如果比较两者的阶层意识，则自我主张派的人“下流”者居多（见表5－5）。此外，如果给生活满意度打分的话，自我主张派的人也很少有80分以

1 NEET：英文Not in Education，Employment or Training的缩写，指既不上学，没有工作，也不接受职业培训的年轻人族群。

上的(见表5-6)。

表5-5 团块次代中自我主张派与非自我主张派的阶层意识

(%)

		n	上	中	下
自我主张派	男性	33	9.1	30.3	60.6
	女性	45	13.3	51.1	35.6
非自我主张派	男性	67	13.4	44.8	41.8
	女性	55	20.0	52.7	27.3

资料出处:Culture Studies 研究所,e-FALCON 共同实施的"欲求调查"

表5-6 团块次代中不同自我主张志向人群的生活满意度(过去、现在、将来)

(%)

		男性		女性	
		自我主张派	非自我主张派	自我主张派	非自我主张派
	n	33	67	45	55
过去	60分以下	30.3	31.3	13.3	23.6
	60—79分	36.4	43.3	42.2	38.2
	80分以上	33.3	25.4	44.4	38.2
现在	60分以下	27.3	25.4	17.8	14.5
	60—79分	45.5	38.8	37.8	34.5
	80分以上	27.3	35.8	44.4	50.9
将来	60分以下	6.1	10.4	0.0	9.1
	60—79分	15.2	32.8	15.6	16.4
	80分以上	78.8	56.7	84.4	74.5

资料出处:Culture Studies 研究所,e-FALCON 共同实施的"欲求调查"

以追求自我主张为志向原本是一件好事,但如果过度地追求自我主张,会使得自己的阶层意识和生活满意度双双下降。

然而非常有趣的是，如果注意一下团块次代不同自我主张人群对于过去和将来的生活满意度，结果恰好相反。自我主张派的年轻人不论男女，很多都打 80 分以上。也就是说，在年轻的时候，靠自我主张来生活可以感到满足，可一旦过了 30 岁就不是那么回事了。不过他们一般都期望将来的生活满意度或许会再度提升。

这种期望会成为现实吗？还是就像梦一般地结束？这对于整个社会来说，是一个不容小觑的问题。

自我主张派大多未婚、无小孩、非正规就业

再从未婚率来看，男性方面自我主张派的未婚率为 63.6%，非自我主张派的则为 46.3%，前者明显高出一段。女性方面则是自我主张派的未婚率为 37.8%，非自我主张派的仅为 14.5%。显而易见，自我主张派的人不结婚者更多（见表 5－7）。

表 5－7　团块次代中不同自我主张志向人群的未婚率

（%）

	自我主张派	非自我主张派
男性	63.6	46.3
n	33	67
女性	37.8	14.5
n	45	55

资料出处：Culture Studies 研究所，e-FALCON 共同实施的“欲求调查”

从家庭形态来看，自我主张派的男性大多独身一个人生活，

或者与父母住在一起，由夫妇二人组成的家庭（妻子是专职家庭主妇或兼职做计时零工）也比较多，但是夫妇二人加孩子组成的家庭很少（见表5－8）。

自我主张派的女性当中，也是与父母住在一起的居多，夫妇二人加孩子所组成的家庭较少。

表5－8　团块次代中不同自我主张志向人群的家庭形态

（%）

	男性		女性	
	自我主张派	非自我主张派	自我主张派	非自我主张派
n	33	67	45	55
独身一个人生活	27.3	14.9	11.1	10.9
夫妇二人（双方都工作）	12.1	11.9	11.1	14.5
夫妇二人（妻子是家庭主妇，或从事计时零工）	15.2	9.0	15.6	16.4
夫妇加孩子（双方都工作）	0.0	6.0	4.4	3.6
夫妇加孩子（妻子是家庭主妇，或从事计时零工）	9.1	22.4	26.7	43.6
本人与孩子	0.0	0.0	0.0	1.8
与父母同住（本人未婚）	30.3	25.4	24.4	3.6
三代同堂（父母、本人、孩子）	0.0	4.5	2.2	1.8
三代同堂（本人、孩子、孙辈）	0.0	1.5	2.2	0.0
其他	3.0	4.5	2.2	3.6

资料出处：Culture Studies 研究所，e-FALCON 共同实施的“欲求调查”

从以上结果可以看出，因为自我主张显得如此重要，所以这一类型人群偏好一个人生活、与父母同住，或是只有夫妇二人的生活。也就是说，自我主张派的人一般无法接受像结婚生子这样普普通通的人生。

再者，从职业的角度来看，自我主张派的男性大多为自由打工者，而自我主张派的女性则以做零工、计时零工、派遣雇员和自由打工者居多，在家当专职家庭主妇的较少（见表5－9）。

表5－9　不同职业团块次代人群的自我主张志向（主要选项）

（%）

		n	自我主张派	非自我主张派
男性	公司经营者、高管人员、管理职	3	0.0	100.0
	营业职	9	33.3	66.7
	事务职	27	27.0	63.0
	专门职、技术职	33	27.3	72.7
	自营业者、自由职业者	3	66.7	33.3
	公务员	5	40.0	60.0
	销售、客户服务、工地人员	7	14.3	85.7
	零工、计时零工、自由打工者	5	60.0	40.0
女性	事务职	18	44.4	55.6
	派遣雇员	9	66.7	33.3
	零工、计时零工、自由打工者	12	66.7	33.3
	专业主妇	43	32.6	67.4

资料出处：Culture Studies 研究所，e-FALCON 共同实施的“欲求调查”

从上表中可以清楚地看出，重视个性和自我主张的“自我主张派”，未婚、无小孩、非正规就业的人数比例明显多于“非自我主张派”。因而也可以说，过度追求自我主张是造成晚婚化、少子化的原因之一。

这样说或许对于自我主张派的人是个打击。当然，还有其他经济层面的因素，也就是所谓因雇佣环境恶化和产业结构变化,而造成非正式就业的人数增多,从而使得低收入人群大为增加,进而产生未婚者激增和少子化等问题。

但是,如果在经济层面的因素上再加入“追求自我主张”这个价值观因素,那么不可否认的是,这将进一步加剧未婚率上升、少子化等现象,给这一业已全社会化了的问题雪上加霜。

如同一部分人所说的,自由打工族等非正式就业的人群,在某种程度上是为了能以自己喜欢的方式来工作而选择了这条路,但这个选择恰恰也是使收入下降,结婚机会减少,进而使生活满意度下降的原因。

今后该如何来看待所谓的“自我主张”——这个在过去三十多年间已经成为社会主流价值观、宛如“青鸟”[1]般的观念呢?又该如何应对已经被“青鸟”所俘虏的继团块次代之后的年轻人?这是我们目前所面临的一大问题。

过于追求自我主张带来的问题

如同到目前为止所看到的,现在的年轻人中阶层意识低下的人群,自我主张志向却十分强烈。此外,他们往往喜欢一个人独处,关于这种现象我们还将在下一章详加论述。

相对而言,拘泥于自我主张、性格内向的人往往朋友不多,

---

1 源出比利时著名作家梅特林克创作的《青鸟》(1908 年),描写两个聪明、可爱的孩子为了邻居家病重的小孩而去寻找象征幸福的青鸟的故事,兄妹俩通过一系列历险终于明白一个道理:青鸟就在家里,而幸福就在自己身边,只有把幸福带给别人自己才会感受到幸福。

找工作也不太顺利，容易沦为非正规就业者，因而一般收入较少，阶层意识也变得低下。

事实上，“第一次女性阶层化调查”的结果显示，正式雇员和包括自由打工族在内的非正式雇员，其价值观大不相同。例如，选择“想快快活活过好每一天”“想过不受他人或社会干扰的生活”“喜欢有创造性的生活方式”“向往有趣的人生”等自我主张选项的人，很明显是非正式雇员居多。另一方面，非正式雇员中很少有人选择“想要有目标、有理想地生活”。

此外，作为能表现自我主张的词语，正式雇员大多列举“勤快”“品行良好”“举止高雅”“外向、善于社交”等，而非正式雇员列举的则是“喜欢一个人独处”“神定气闲”“执著”等，却很少有人列举像“开朗”“勤快”这样的词语。

在阶层意识方面，正式雇员当中属于“上流”的占11.1%，“中流”占44.8%，“下流”占44%。相反，非正式雇员则是“上流”占5.5%，“中流”占33.3%，“下流”占61.2%。可以明显地看出，非正式雇员的阶层意识普遍较低。

精神科医生斋藤环是专门研究“自我封闭”问题的权威，他很早就指出：沟通能力的高低，对于年轻人的成功与失败意识有着很深远的影响。沟通能力强的人，比较容易找到工作，比较容易获得高收入，也更容易拥有美好的婚姻，其结果就是进入较高阶层的可能性相对来说比较大。相反的，过于拘泥于自我主张、逃避与他人沟通、拒绝适应社会的年轻人，最终沦为低阶层的可能性更高。

花边外谈3 “龙樱疗法”能够阻止“下流化”？

由于现今社会正处于阶层化、两极分化、下流化的潮流中，故此描写逆流而上、强调积极进取的题材的作品就格外令人感觉充满了新鲜感。被改编成电视剧的热门漫画《龙樱》就是一个极好的例子。

《龙樱》的大致内容是：律师樱木建二为了让经营不善的三流私立高中重整旗鼓，一心想要将这所高中变成具有超级升学率的高中。他首先选拔出有学习积极性的男女学生各一名，以考入东京大学为目标，对他们“开小灶”进行特别授课，两人果然不负所望，学习成绩日渐提高……

除了这种特别授课方式受到数位现任东京大学教授以及堀江贵文[1]、《想读出声的日语》的作者·明治大学教授斋藤孝、杉并区立和田中学校长藤原和博等人的交口称誉外，漫画主人公樱木所发表的关于人生的训诫，可说更是向当今混乱不堪的教育体制乃至整个社会的陈腐价值观发出了挑战，令人颇有振聋发聩之感。

例如，作者通过樱木之口说出如下的话语：

“所谓的社会规则，全部是由那些头脑聪明的家伙为了保护自己而制定的，而对自己不利的地方都被他们遮遮掩掩地糊弄过去了。也就是说，假如你们不肯动脑筋去学习，样样事情都嫌

1 堀江贵文：日本知名门户网站“Livedoor”（“活力门”）公司前总裁，IT业新贵，因财务造假和违反证券交易法而被捕。

麻烦的话，一生都会被人骗。你们如果不想被骗，不想失去自己的利益，成为社会的失败者，就得好好读书。”

“你们对社会一无所知，与其说是一无所知，还不如说是大人根本没有教过你们。相反，他们向你们灌输的都是毫无根据、不负责任的妄想。假如你们信以为真地认为只要发挥自己的个性，就可以过上和别人不一样的生活，那就大错特错了！只有考进东大，才能从毫无梦想的黑暗中逃脱出来。”

“没有了你们所谓的‘世俗框架’你们还能做什么呢？如果觉得真的可以白纸绘蓝图、完全靠自己独创闯出一片天地来，那就大错特错了！说什么不要用世俗的框架来束缚，这只不过是你们这些胸无大志的懒惰虫的借口而已！”

“你们以为没有必要非得争第一(Number One)，只要证明自己是唯一的(Only One)就行了吗？别开玩笑了。所谓的 Only One 就是那个领域的 Number One。”

上流阶层的孩子所接受的教育,从一开始就与下流阶层不同。生活态度、谈吐、学习方法等各种因素相互作用,才将他们塑造成了上流的样子。但是,“中流”和“下流”的年轻人在学校或家庭当中,每个人都接受着平等无二的教育。他们经过初中、高中、大学,进而走上社会参加工作,才逐渐认识到原来这个社会是士分三流、人分九等的,经过各种各样的磨砺和打击,弄不好就会渐渐跟社会脱节。

《龙樱》最成功之处在于主张将社会上的种种不平等,借助所谓的“自由”“个性”“唯一”等充斥着大人们欺瞒的措辞而将它揭露出来,告诉孩子什么是社会的现实,并且正因为存在这样的现实所以更不应该放弃努力。此外,《龙樱》的作者三田纪房还主张能否被录取进入东京大学,不应该取决于先天能力的差别，更为重要的是考察其最最基本的生活态度，像见面打招呼、进屋后将脱掉的鞋子摆放整齐等天经地义的细小事情，以及能否思路清晰地独立解决问题的能力。从这一点上说，《龙樱》堪称是向社会下流化重拳出击的一部杰作。

顺便说一下，因“百格计算”而闻名的阴山英男[1]，并不是只靠“百格计算”来提升学习能力的。在他的教育实践中起决定因素的到底是什么呢？说起来令人难以置信，那就是从小养成“早睡、早起、吃早餐”的习惯。如果不从这样的生活基础进行教育的话，已经“下流化”的现代的父母们可能会在晚上10点以后，还带着孩子上小酒馆屋、唱卡拉OK，这样一来即使对教育抓得再严，孩子的学习能力下降也是理所当然的。

1 阴山英男（1958— ）：日本当代著名教育家，曾任立命馆大学教育开发中心教授、日本教育振兴联席会议委员。提倡教学现场的授课改革以及通过“百格计算”、提高日常生活能力等课外方法来提高学生的学习能力，著有《提高学习能力的读、写、算》《怎样克服学习能力低下》等。

第六章　“下流”男性自我封闭，“下流”女性自我展现

“下流”男性的三种神器：3P

这一章所要探讨的是团块次代中不同阶层意识人群的兴趣和消费倾向。

首先，针对“你的兴趣爱好是什么”这个问题，根据被调查者从多个备选答案中做出的选项，分别对不同阶层意识人群的男女进行一番比较。

在“上流”男性当中，选择电脑、互联网的占75%，选择旅行、休闲和音乐欣赏的各占58.3%，选择阅读和在家看碟片的也各占41.7%。

“中流”男性中选择最多的是电脑及互联网，占被调查人数的85%，选择在家看碟片的占57.5%，选择阅读的占55%，另有47.5%的人则分别选择了旅游、休闲和驾车旅行。

而“下流”男性选择电脑、互联网的比例竟高达95.8%，选

择音乐欣赏和阅读的分别为60.4%和56.3%，选择外出吃饭·品尝美食的占47.9%，此外还有45.8%的人选择了驾车旅行、旅游。

从以上的统计数据不难看出，无论哪一个阶层，选择电脑、互联网的人所占比例都是最高的。

然而从不同阶层的差异来看，阶层越往“上”的人，对户外活动的兴趣越大，比如旅游、休闲、滑雪、骑车旅行等，还有少数人喜欢打高尔夫球（见表6－1）。

表6－1　团块次代不同阶层意识男性的兴趣差别（主要选项）

阶层越往“上”选择人数越多的兴趣选项　（%）

	上	中	下
n	12	40	48
旅游、休闲	58.3	47.5	29.2
滑雪	33.3	17.5	12.5
骑车旅行	25	5.0	2.1
打高尔夫	16.7	10.0	4.2

阶层越往“下”选择人数越多的兴趣选项　（%）

	上	中	下
n	12	40	48
视听设备	8.3	15.0	22.9
音乐欣赏	8.3	10.2	20.8
电视游戏	16.7	45.0	43.8
观看体育比赛	16.7	35.0	41.7
电脑、互联网	75	85	95.8

无阶层差别的兴趣选项 (%)

	上	中	下
n	12	40	48
卡拉 OK	16.7	22.5	16.7
驾车旅行	41.7	47.5	45.8
外出吃饭、品尝美食	41.7	45.0	47.9

资料出处：Culture Studies 研究所、e-FALCON 共同实施"欲求调查"

另一方面，大部分属于下流阶层的人明显偏爱电脑、互联网、视听设备以及电视游戏等，不喜欢与别人接触，而稍显内向、自我封闭的倾向十分明显。即便偶尔外出，一般也是去听音乐会或观看体育比赛，想必是那种摇滚一类的音乐会或是职业足球联赛。

在早些时候，电脑曾是区分阶层的一种标志物，只有富人才拥有电脑，没钱的人根本买不起电脑，因此收入成为一个人是否使用电脑的关键，并进而产生信息、情报量的差距。但现在，只要付点上网费，通过电脑什么信息都可以轻易获得，电脑已经成为最廉价的娱乐方式，因而深得低阶层男性的青睐。

当然，"下流"男性或许不会使用 Excel 制作图表，也不会使用 Powerpoint 制作电子贺卡。尽管眼下是否拥有电脑硬件设备已经不再是区分阶层的标志物了，但毫无疑问，在能否自如地运用各种软件方面，还是可以在一定程度上区分阶层高下的。

无论如何，在拥有电脑且能够从中获得乐趣这一点上，不存在阶层的差别，而阶层越往"下"，对电脑、互联网感兴趣的人越多，这也是不争的事实。

根据这种情况，笔者想以"3P"来作为解读团块次代下流阶层的关键词。所谓“3P”，即个人电脑（Personal Computer）、手机（Pager）和掌上游戏机（Play Station），这三样东西称得上是团块次代下流阶层的神器。也可以再加上两个“P”：瓶装饮料（PET Bottle）和薯片（Potato Chips），凑成“5P”也蛮不错。

坐在电脑前，喝着塑料瓶装的饮料，一边吃着薯片，一边上上网打打游戏，或是用手机发发短信，团块次代下流阶层的模样立刻生动地浮现在了我们眼前。

“下流”女性唱唱跳跳

另一方面，团块次代女性的情况又怎样呢？

按选择人数的多少为序来看女性的选项，上流阶层女性的兴趣爱好依次是阅读（70.6%）、电脑・互联网（64.7%）、在家看碟片（58.8%）、旅行・休闲（58.8%）、外出吃饭・品尝美食（58.8%）。

中流阶层女性感兴趣的事情依次是电脑・互联网（71.2%）、阅读（67.3%）、旅行・休闲（59.6%）、外出吃饭・品尝美食（59.6%）、购物（55.8%）。

接着来看下流阶层，其兴趣选项依次为电脑・互联网（67.7%）、阅读（54.8%）、在家看碟片（54.8%）、外出吃饭・品尝美食（54.8%）、旅行・休闲（48.4%）、购物（48.4%）。

如果按不同的阶层意识来进行比较，可以看出阶层越往“上”，选择阅读、园艺、音乐欣赏、烹饪等的人越多，这些女性选择的大多是比较传统的专职家庭主妇的选项（见表6－2）。

表6-2 团块次代不同阶层意识女性的兴趣差别(主要选项)

阶层越往“上”选择人数越多的兴趣选项 (%)

	上	中	下
n	17	52	31
阅读	70.6	67.3	54.8
园艺	29.4	17.3	16.1
音乐欣赏	52.9	48.1	41.9
烹饪	41.2	34.6	32.3
观看体育比赛	23.5	15.4	16.1
在家看碟片	58.8	40.4	54.8

阶层越往“下”选择人数越多的兴趣选项 (%)

	上	中	下
n	17	52	31
欣赏音乐会	5.9	15.4	25.8
乐器演奏	5.9	11.5	16.1
绘画、插画制作	0.0	5.8	9.7
跳舞、舞蹈	0.0	1.9	9.7

无阶层差别的兴趣选项 (%)

	上	中	下
n	17	52	31
电脑、互联网	64.7	71.2	67.7
旅游、休闲	58.8	59.6	48.4
外出吃饭、品尝美食	58.8	59.6	54.8
购物	47.1	55.8	48.4

资料出处：Culture Studies 研究所、e-FALCON 共同实施的“欲求调查”

另一方面，阶层越往“下”，选择音乐欣赏的人越多，这一点倒是跟男性不谋而合，此外选择乐器演奏的女性也很多。需要指出的是，虽然所占比例不高，但对绘画、插画制作、跳舞等亚文化项目感兴趣的女性也很多。换句话说,就是她们中有不少人喜欢唱唱跳跳或是绘画。这种倾向也正好印证了先前苅谷刚彦教授的说法:阶层越往“下”,越是在亚文化的兴趣方面有“自我主张”。

“嘉年华会式”的现代社会

社会学家铃木谦介在谈到今后日本社会产生的两极分化时指出,大众一方面沉浸于因瞬间的激动而产生的内在幸福状态(“嘉年华会式”的狂欢),另一方面在客观上又存在着“被榨取、最后被抛弃”的危险性,将又唱又跳当成展现自我来享受的下流阶层,可以说正是这种“嘉年华会式”社会的象征(参见铃木谦介著《“嘉年华会式”的社会》)。

不过笔者并不赞同铃木先生这种不成熟的二元论。

笔者认为,不能说“内在的幸福”和“客观上被榨取”的说法是错的,但即便如此,我们也不能不承认它总比内在和客观上都不幸的状态要稍好一筹。我们当然可以说,只要存在客观上被榨取、被抛弃的事实,就不可能得到真正的内在幸福,人们首先应该对个人被社会榨取这一事实有所觉悟,等等。但是这种宗教教旨主义式的天真的说法,最终历史将证明其注定会不攻自破。

在现实生活中,即使被榨取的情况不太严重,但人们并没有意识到,或者即使不被榨取却并不对此满足,因而仍然有可能感受到内在的不幸。倘若这样的话,强调彻底消除客观存在的榨取真的会有意义吗?

倒坐在车站台阶上的年轻人

其实有很多人对客观上被榨取这一事实有所觉悟,但因为无可奈何,而造成了某种程度上的不幸。不过话说回来,像这种程度的不幸,借助瞬间的激动或是其他什么方法适当地排遣一下也不失一个办法,正好体现出人在生活面前的坚强性。

令人感到不安的是,正如铃木先生所指出的那样,就连这种瞬间的激动也被以媒体为中心的社会工具过度操纵着,而被包装成如世界杯足球大赛之类的娱乐活动。总之,内在不幸的人自己没有消除不幸的能力,只能依赖于各种大型娱乐活动,使自己越来越陷入被动状态。

“下流”阶层偏好自民党和富士电视台

实际上，从“欲求调查”可以看出，前面所提到的团块次代的男性，阶层越往“下”越喜欢看体育比赛，而且经常看富士电视台的节目。具体而言，在被问及“早晨收看哪个电视台的新闻”时，上流阶层中有33.3%的人回答说看NHK（日本广播协会），所占比例最高；相反，下流阶层中却有39.6%的人选择收看富士电视台（见表6－3）。

表6－3 不同世代男性经常收看的电视台

（%）

	团块次代			新人类世代			团块世代			昭和初年世代		
	上	中	下	上	中	下	上	中	下	上	中	下
n	12	40	48	16	48	36	14	48	37	9	56	34
早间新闻												
NHK	33.3	27.5	10.4	18.8	20.8	25.0	57.1	52.1	37.8	77.8	69.5	73.5
日本电视台	8.3	22.5	10.4	12.5	16.7	13.9	14.3	25.0	32.4	22.2	14.3	8.8
东京放送（TBS）	16.7	7.5	8.3	0.0	6.3	13.9	7.1	0.0	2.7	0.0	0.0	0.0
富士电视台（FNS）	16.7	27.5	39.6	37.5	35.4	8.3	14.3	10.4	16.2	0.0	5.4	8.8
朝日电视台（ANS）	8.3	5.0	12.5	6.3	6.3	8.3	0.0	2.1	2.7	0.0	5.4	2.9
东京电视台	8.3	5.0	4.2	0.0	4.2	2.8	0.0	2.1	0.0	0.0	0.0	0.0
其他	0.0	0.0	0.0	0.0	0.0	5.6	0.0	2.1	0.0	0.0	3.6	0.0
早上不看新闻	8.3	5.0	14.6	25.0	10.4	22.2	7.1	6.3	8.1	0.0	1.8	5.9
晚上的一般电视节目												
NHK	25.0	17.5	12.5	31.3	16.7	19.4	35.7	41.7	29.7	77.8	37.5	52.9
日本电视台	8.3	2.5	6.3	6.3	6.3	11.1	7.1	12.5	8.1	11.1	19.6	5.9
东京放送（TBS）	8.3	0.0	12.5	0.0	6.3	5.6	7.1	8.3	5.4	0.0	7.1	8.8
富士电视台（FNS）	33.3	55.0	33.3	25.0	35.4	22.2	0.0	18.8	21.6	0.0	12.5	0.0
朝日电视台（ANS）	16.7	15.0	25.0	25.0	22.9	22.2	28.6	8.3	18.9	0.0	14.3	20.6
东京电视台	8.3	7.5	6.3	0.0	6.3	11.1	7.1	4.2	10.8	0.0	3.6	5.9

续表

	团块次代			新人类世代			团块世代			昭和初年世代		
	上	中	下	上	中	下	上	中	下	上	中	下
其他	0.0	2.5	0.0	6.3	2.1	0.0	14.3	2.1	5.4	11.1	1.8	5.9
晚上不看电视	0.0	0.0	4.2	6.3	4.2	8.3	0.0	4.2	0.0	0.0	1.8	0.0

资料出处：Culture Studies 研究所、e-FALCON 共同实施的“欲求调查”

当被问及“晚上大多看哪个台的电视节目”时，上流阶层中有33.3%的人选择富士电视台，选择NHK的人占25%，但在中流阶层当中选择富士电视台的占到了55%，“下流”人群则占33%。

顺便提一下，昭和初年世代的人无论阶层意识如何、性别如何，大多数人早晨和晚上都看NHK。相比之下，由于团块次代中阶层意识不高的人群不看NHK的节目，所以该台收视率下降也是理所当然的。

接着来看支持的政党方面，在团块次代中阶层意识属于“下流”的男性支持自民党的占18.8%，支持民主党的也占18.8%，表明他们支持政党的倾向比较强烈。

相反，在上流阶层中支持自民党的占8.3%，支持民主党的占16.7%，不支持任何政党的则占75%，这一比例比中流阶层或下流阶层都要来得高（见表6-4）。

表6-4　不同世代男性所支持的政党

（%）

	团块次代			新人类世代			团块世代			昭和初年世代		
	上	中	下	上	中	下	上	中	下	上	中	下
n	12	40	48	16	48	36	14	48	37	9	56	34
自由民主党	8.3	15.0	18.8	25.0	12.5	30.6	21.4	16.7	13.5	66.7	44.6	35.3

续表

	团块次代			新人类世代			团块世代			昭和初年世代		
	上	中	下	上	中	下	上	中	下	上	中	下
民主党	16.7	12.5	18.8	25.0	14.6	11.1	21.4	31.3	21.6	33.3	32.1	26.5
公明党	0.0	5.0	2.1	6.3	2.1	13.9	7.1	4.2	2.7	0.0	3.6	2.9
日本共产党	0.0	0.0	0.0	0.0	0.0	0.0	14.3	2.1	5.4	0.0	7.1	5.9
社会民主党	0.0	2.5	0.0	0.0	4.2	2.8	7.1	4.2	13.5	0.0	7.1	5.9
其他	0.0	0.0	0.0	0.0	0.0	0.0	0.0	0.0	0.0	0.0	0.0	0.0
无特别支持的政党	75.0	67.5	60.4	50.0	70.8	52.8	35.7	50.0	51.4	0.0	23.2	35.3

资料出处：Culture Studies 研究所、e-FALCON 共同实施的“欲求调查”

如上所述，从此次调查的结果可以看出，团块次代中的下流阶层男性，其政治意识较强，喜欢收看富士电视台的节目以及体育赛事。

在某种程度上，此现象或许正好反映了现代社会的情形，也正好跟香山里香所描绘的“小型国家主义”不谋而合。

感到幸福的时刻

在被问及“你感到幸福的时刻”是什么时刻时，团块次代中阶层意识属于“上流”的男性大多选择享受美食的时候、全家在一起的时候以及与好友在一起的时候等；而“下流”人群则大多选择一个人独处的时候、轻松休憩的时候，选择让身体充分活动的人较少，由此可见不喜欢与别人接触正是这一人群的主要特征（见表 6－5）。

再来看团块次代中上流阶层的女性，除了享受美食以外，学到新知识的时候、对社会有所贡献的时候以及自我得到展现的时候等，都能使她们感觉到幸福（见表6－6）。根据笔者的调查研究经验，这可以说是团块次代女性特有的倾向。

表6－5　不同阶层意识的团块次代男性感到幸福的时刻

（%）

	上	中	下
n	12	40	48
享受美食的时候	83.3	55.0	56.3
与家人在一起的时候	58.3	37.5	20.8
与好友在一起的时候	41.7	17.5	29.2
与孩子在一起的时候	33.3	20.0	6.3
与妻子两个人在一起的时候	33.3	30.0	4.2
让身体充分活动的时候	41.7	27.5	10.4
轻松休憩的时候	58.3	55.0	66.7
一个人独处的时候	8.3	17.5	27.1

资料出处：Culture Studies研究所、e-FALCON共同实施的“欲求调查”

表6－6　不同阶层意识的团块次代女性感到幸福的时刻

（%）

	上	中	下
n	17	52	31
享受美食的时候	94.1	75.0	77.4
被感动的时候	64.7	55.8	45.2
生活优裕的时候	64.7	59.6	48.4
得到想要的东西的时候	64.7	55.8	54.8
实现某个目标的时候	58.8	51.9	51.6
与丈夫两个人在一起的时候	58.8	42.3	22.6
与好友在一起的时候	52.9	34.6	35.5
学到新知识的时候	41.2	30.8	22.6
做善事的时候	41.2	36.5	22.6
对社会有所贡献的时候	41.2	7.7	9.7
打扮时髦的时候	35.3	21.2	19.4
自我得到展现的时候	29.4	15.4	16.1
一个人独处的时候	17.6	19.2	25.8

资料出处：Culture Studies研究所、e-FALCON共同实施的“欲求调查”

可以看出，团块次代中阶层意识属于“下流”的女性与男性一样，选择一个人独处的时候感觉最幸福的也为数不少。

团块次代的上流阶层也喜欢廉价服饰

下面我们来看看团块次代不同阶层意识的人群对品牌服装店等商家的支持程度。

男性经常去购物的服装店就如饮食店一样，没有太大的阶层意识差别。虽然在统计学上没有显著的差别，但有意思的是，“上流”人群中选择“优衣库”的也不少，可见高收入的上流阶层也喜欢“优衣库”之类的廉价服装（见表6－7）。

表6－7　团块次代男性经常光顾的商店（主要选项）

（%）

	上	中	下
n	12	40	48
无印良品（MUJI）	25.0	25.0	16.7
优衣库（UNIQLO）	50.0	40.0	41.7
松本清药妆店（MATSUMOTO KIYOSHI）	25.0	37.5	25.0
茑田屋（TSUTAYA）	16.7	32.5	37.5

资料出处：Culture Studies 研究所、e-FALCON 共同实施的“欲求调查”

相比之下，女性在这方面仍然有着阶层意识上的差异。不少上流阶层的女性首选的服装品牌也有“无印良品”（见表6－8）。诚然，无印良品并非高级时装，价格不高，品质也平平，但给人的整体感觉还不错。由此也可以一窥团块次代女性的消费倾向。

表 6-8　团块次代女性经常光顾的商店(主要选项)

(%)

	上	中	下
n	17	52	31
无印良品(MUJI)	47.1	42.3	38.7
优衣库(UNIQLO)	47.1	42.3	38.7
Furancfuranc	11.8	28.8	9.7
茑田屋(TSUTAYA)	11.8	42.3	12.9
7—11 便利店(7—11)	35.3	75.0	12.9
罗森便利店(LAWSON)	29.4	46.2	35.5
全家便利店(FamilyMart)	29.4	46.2	35.5
堂·吉诃德折扣店(Don-quijote)	23.5	30.8	29.0
松本清药妆店(MATSUMOTO KIYOSHI)	23.5	44.2	45.2
ampm 便利店(ampm)	17.8	19.2	32.3
迷你便利店(MINISTOP)	11.8	11.5	25.8

资料出处: Culture Studies 研究所、e-FALCON 共同实施的“欲求调查”

团块次代的女性特别是阶层意识处于“上流”的人群,正如我们在后面将要看到的,是一群理性又比较喜欢高级商品的女性。也许正因为如此,与那些有着花里胡哨的装饰性的时髦名牌相比,她们更喜欢“无印良品”那种自然而不矫揉造作的设计。

喜欢购物的“下流”与无暇购物的“上流”

就“平时的购物方式或购物理念”这一问题,为团块次代的被调查者提供了“符合”“基本上符合”“哪种情况都不是”“不太符合”“不符合”这五个选项。

调查结果显示,团块次代的上流阶层男性喜欢购物者较少,不容易被打折商品或低价商品所吸引，他们尽管觉得购物时应该先上店里感性认识一下商品，但实际上却没有太多的时间可以花在购物上，所以他们喜欢邮购和网上购物。购物前收集各种信息、了解商品性能、真正想要的东西不管价格高低都会买，等等，在这些方面不存在什么阶层的差异，但上流阶层的人喜欢与自己的地位、职位、年龄相符的东西，还有高价的东西和老铺里卖的东西，不过他们不限于特定的品牌和厂家（见表6-9）。

表6-9　团块次代男性平时的购物方式或购物理念

（%）

	上	中	下
n	12	40	48
平时几乎没有时间购物	41.7	35.0	29.2
经不起打折商品的诱惑，盲目抢购	25.0	37.5	18.8
只要有低价商品，常会禁不住购买超出需要的东西	33.3	50.0	39.6
非常喜欢购物	33.3	50.0	54.2
喜欢邮购	50.0	47.5	18.8
经常在网上购物	58.3	62.5	37.5
不是必要的东西坚决不买	41.6	17.5	33.3
购物时会先上店里感性认识一下商品	92.6	57.5	72.9
选择商品前会花些时间和精力收集各种信息	75.0	75.0	75.0
会详细了解商品的性能等	75.0	75.0	70.8
真正喜欢的东西，不管价格高低都会想办法弄到手	58.3	55.0	48.0
购物时选择与自己年龄、地位、职位相符的东西	33.3	5.0	18.8
觉得还是价格贵的东西品质比较好	58.4	35.0	37.0
觉得还是传统老铺里的商品比较好	41.7	22.5	25.0
有自己特别钟情的品牌和厂家	16.6	40.0	47.9

资料出处：Culture Studies 研究所、e-FALCON 共同实施的“欲求调查”

或许是因为上流阶层的男性工作繁忙，没有时间去寻找新的品牌，所以他们一般会选择传统的业已形成良好口碑的品牌。因此在这些人群中，拥有“劳力士”“欧米茄”等传统名表的比例较高（见表6－10）。

表6－10　团块次代男性喜欢拥有的手表品牌（主要选项）

（%）

	上	中	下
n	12	40	48
劳力士（Rolex）	16.7	7.5	4.2
欧米茄（OMEGA）	25.0	10.0	16.7
宝格丽（BVLGARI）	8.3	2.5	2.1

资料出处：Culture Studies 研究所、e-FALCON 共同实施的“欲求调查”

反观自我主张志向强烈的下流阶层中，喜欢购物的人也占到了54.2%，还有47.9%的人拥有自己特别钟情的品牌或厂家。这一点与以往所持的只有年收入较高的人士才会拥有固定的自己特别钟情的品牌或厂家的观念并不吻合。当然，团块次代中的下流阶层所喜爱的品牌，很可能只是原宿后街那些流行小店里的品牌。

在此不想展开详细的描述，但有一点需要说明的是，较低阶层的人群对“奔驰”“宝马”“劳力士”“欧米茄”等名牌也颇为倾心，看来他们所钟情的品牌，并非局限于原宿后街那些流行小店的原创品牌。

选择商品前会花些时间和精力收集各种信息，详细了解商品的性能等，真正喜欢的东西则不管价钱多少，都会想方设法弄到手，在这些方面阶层的差异毫无体现。即使是低收入的人群也因为他们有充裕的时间，所以能慢慢地挑选商品，一旦有中意的东西便不管价钱多少也要买。

此外，在喜欢的轿车和威士忌品牌方面，也没有什么阶层差异。可以说尽管团块次代中高阶层且高收入的人群数量可观，但从企业的角度来说却并没有依据其特有的价值观和消费理念进行有针对性的产品开发设计，激发其消费欲望，倡导新的消费和生活方式。

另一方面，团块次代女性中的上流阶层，对话题性的商品较为关注，她们会与朋友或家人探讨购物的事情，并将时间花在收集信息上。作为消费者，她们对流行很敏感，从而成为流行时尚的信息源（见表6－11）。虽然向往一流的品牌，但

表6－11　团块次代女性平时的购物方式或购物理念

（%）

	上	中	下
n	17	52	31
关注话题性的商品 （括号内为减去“有点符合”后的比例）	41.1 (23.5)	38.4 (9.6)	29.1 (9.7)
与朋友或家人探讨购物的事情	35.4	23.1	16.2
选择商品前会花些时间和精力收集各种信息	58.8	44.2	48.4
选择一流品牌的商品	23.5	9.6	6.5
尽可能在廉价商店里购买名牌商品	41.2	19.3	22.6

资料出处：Culture Studies 研究所、e-FALCON 共同实施的“欲求调查”

实际上她们更倾向于在廉价商店里购物，可以说其消费行为非常理性。

至于手表，喜爱“劳力士”“卡地亚”等名表的，反而是“中流”和“下流”人群居多。此外，单就团块次代的“上流”女性来看，多数人喜爱“西铁城”这个品牌，可见她们也对商品具有一定的忠诚度。上流阶层女性钟情的品牌或许应当更加宽泛，更加丰富多彩，但从调查结果来看，我们却意外地发现，其品牌志向似乎颇为朴素、忠诚度也高（见表6－12）。

表6－12　团块次代女性喜欢拥有的手表品牌（主要选项）

（%）

	上	中	下
n	17	52	31
劳力士（Rolex）	5.9	9.6	9.7
卡地亚（Cartier）	5.9	9.6	9.7
宝格丽（BVLGARI）	5.9	5.8	3.2
蒂芙妮（Tiffany&Co.）	5.9	1.9	0.0
浪琴（Longines）	0.0	3.8	0.0
萧邦（CHOPARD）	0.0	0.0	3.2
欧米茄（OMEGA）	5.9	5.8	6.5
豪雅（TAG HEUER）	0.0	5.8	6.5
精工（SEIKO）	11.8	11.5	9.7
西铁城（CITIZEN）	11.8	3.8	0.0
雷达（RADO）	0.0	1.9	3.2
G－SHOCK	5.9	13.5	16.1
其他	35.3	7.7	22.6
没有特别钟情的品牌	35.3	42.3	35.5

资料出处：Culture Studies 研究所、e-FALCON 共同实施的“欲求调查”

男性在被问及“今后想花钱或时间去做的事情”时，上流阶层人群大多选择理财或投资、家具及家庭装饰等，健康、运动或健美得到了从中流阶层到上流阶层的普遍支持。相反，娱乐及体育竞技则广受下流阶层人群的支持（见表6－13），这与前述的不同阶层的兴趣爱好呈现出一致倾向。

女性的消费更倾向于旅行和美容

表6－13　团块次代男性今后想花钱或时间去做的事情（主要选项）

（%）

	上	中	下
n	12	40	48
理财、投资	58.3	35.0	37.5
家具及家庭装饰	25.0	15.0	12.5
健康	41.7	40.0	14.6
运动或健美	33.3	32.5	12.5
建造住宅或重新翻建住宅	50.0	47.5	25.0
家电、信息设备	33.3	42.5	37.5
汽车相关产品	25.0	42.5	35.4
旅行及休闲	50.0	60.0	43.8
储蓄	25.0	40.0	41.7
业余深造、考取资格	16.7	32.5	35.4
娱乐、体育竞技	16.7	20.0	29.2

资料出处：Culture Studies 研究所、e-FALCON 共同实施的“欲求调查”

女性在被问及“今后想花钱或时间去做的事情”时，上流阶层的大部分人选择了旅行或休闲、家具及家庭装饰、健康、美容、理财和投资等(见表6-14)。上流阶层的一大特征是：不论男女，选择家具及家庭装饰以及理财和投资的人相对其他阶层较多。

表6-14　团块次代女性今后想花钱或时间去做的事情(主要选项)

(%)

	上	中	下
n	17	52	31
旅行及休闲	64.7	59.6	38.7
家具及家庭装饰	41.2	36.5	19.4
健康	52.9	32.7	25.8
美容	41.2	25.0	12.9
理财、投资	23.5	19.2	6.5
建造住宅或重新翻建住宅	52.9	42.3	41.9
业余深造、考取资格	29.4	32.7	22.6
储蓄	47.1	57.7	45.2
娱乐、体育竞技	23.5	26.9	35.5

资料出处：Culture Studies研究所、e-FALCON共同实施的“欲求调查”

团块世代是下向渗透式消费的主要市场

为了更加明确团块次代的消费行为特征，我们来比较一下他们与团块世代男性之间的差异。

首先从兴趣来看，团块世代的男性阶层越往“上”，对旅游或休闲、驾车旅行、骑车旅游以及棒球等感兴趣的人越多(见表6-15)。而团块次代的男性对驾车旅行及骑车旅游的爱好没有阶层的差异，但对于棒球则是阶层越往“下”喜爱的人数越多。也就是说，团块世代在兴趣方面的价值取向与团块次代正好相反。

表 6-15　不同阶层团块世代男性的兴趣爱好(主要选项)

(%)

	上	中	下
n	12	40	48
旅游或休闲	71.4	45.8	43.2
电脑、互联网	64.3	54.2	51.4
驾车旅行	57.1	16.7	21.6
在电影院观赏电影	50.0	45.8	35.1
棒球	28.6	8.3	5.4
美术欣赏	21.4	6.3	5.4
打高尔夫	35.7	45.8	16.2
饲养宠物或观赏鱼	14.3	20.8	10.8
弹子游戏、赛马、自行车赛车	7.1	20.8	16.2

资料出处: Culture Studies 研究所、e-FALCON 共同实施的"欲求调查"

此外,关于自己喜欢的车,团块世代的上流阶层大多列举本田"NSX"、日产"SKYLINE""奔驰""宝马"等运动型轿车和进口车。正是这群具有强烈的阶层上升志向的消费者,自二战之后一直牵引着日本消费市场的发展(见表 6-16)。

表 6-16　不同阶层团块世代男性所喜欢的车(主要选项)

(%)

	上	中	下
n	14	48	37
丰田"皇冠"	14.3	41.7	21.6
丰田"Celsior"	21.4	27.1	21.6
日产"CIMA"	7.1	25.0	5.4
日产"SKYLINE"	21.4	20.8	5.4
本田"NSX"	21.4	10.4	10.8
奔驰 C 级车	21.4	14.6	5.4
宝马 3 系	21.4	12.5	13.5

资料出处: Culture Studies 研究所、e-FALCON 共同实施的"欲求调查"

而团块世代中流阶层喜欢的车则多为丰田“皇冠”、丰田“Celsior”、日产“CIMA”等日本高档国产车，他们以能够拥有这样的车而兴奋不已，这说明他们向上流阶层迈进的欲望已经成为一股不断扩大的消费力量。

相比之下，昭和初年世代中喜欢丰田“皇冠”、丰田“Celsior”的则以上流阶层居多；而昭和初年世代的中流阶层则更喜爱丰田“MARK II”、丰田“花冠”。也就是说，阶层意识与车的等级之间存在着一定的相关关系（见表6－17）。

表6－17　不同阶层昭和初年世代男性所喜欢的车（主要选项）

（%）

	上	中	下
n	9	56	34
丰田皇冠	55.6	26.8	20.6
丰田 Celsior	22.2	8.9	17.6
丰田 MARK II	11.1	26.8	23.5
丰田花冠	0.0	17.9	14.7
“奔驰”C 级车	11.1	8.9	11.8
“宝马”3 系	11.1	5.4	14.7

资料出处：Culture Studies 研究所、e-FALCON 共同实施的“欲求调查”

换言之，在选择自己喜欢的车方面，昭和初年世代上流阶层的选项到了团块世代这一代已经降格为中流阶层的选项，这可以说是典型的下向渗透式（trickle-down）消费（即社会财富或流行趋向从“上流”波及、渗透到“下流”的一种消费样式）。中流阶层复制并学会了上流阶层的消费志向，憧憬着买更高价、更高级的东西，厂商的销售额和利润也因此不断扩大。

至于团块世代的上流阶层则关注起更高级的进口车或充满运动感的轿车(轿跑车)。对于汽车厂商而言,团块世代仍是一个潜力非常大的市场。

第七章　下流阶层的性格、饮食与教育观

性格决定阶层吗?

前述的知名自我封闭研究者、精神科医生斋藤环指出,阶层差距是由人际沟通能力的差距造成的:“决定胜败的关键因素之一,很明显就是沟通……被视为不擅长沟通的孩子,很容易心灰意冷地将自己归入‘败组’……这种沟通能力上的差距如果任其发展下去的话,最终结果便是导致自我封闭一类的问题,这绝不是危言耸听。”(参见斋藤环著《“败者教”的信者们》)

此外,教育社会学家、东京大学副教授本田由纪在分析年轻人的生活技能时也指出,就诸如“向别人说明自己的意见”“和不熟悉的人自然地交谈”等沟通能力而言,学历越高的人,其沟通能力也越强(参见本田由纪《社会自立与生活技能》,摘自日本内阁府《关于青少年社会自立意识的调查报告书》)。

“欲求调查”的结果也可以在某种程度上印证上述倾向。如同前面已经分析过的,团块次代的下流阶层,不论男女都强烈

倾向于认为一个人独处是一种幸福。

此外，当被问及有关被调查者本人性格方面的问题时，上流阶层的男性回答“常常以为最后有谁可以为我做些什么”的人数为零，而回答“已经决定的事会立即行动”“觉得自己的性格比较开朗”“没有什么特别喜欢或讨厌的人”“对周围人的态度、情绪变化相当敏感”的比较多；反之对于“觉得自己的性格比较开朗”这个问题，下流阶层中回答“符合”的人所占的比例非常小（见表7－1）。

表7－1　团块次代不同阶层对自己性格的评价（主要选项）包括“同意”或“基本上同意”

男性　（%）

	上	中	下
n	12	40	48
常常以为最后有谁可以为我做些什么	0.0	17.5	20.9
已经决定的事会立即行动	58.3	32.5	31.3
觉得自己的性格比较开朗	58.4	45.0	41.7
（其中选择“同意”的比例）	16.7	15.0	6.3
没有什么特别喜欢或讨厌的人	41.6	22.5	21.9
对周围人的态度、情绪变化相当敏感	75.0	57.5	58.4

女性　（%）

	上	中	下
n	17	52	31
常常以为最后有谁可以为我做些什么	11.8	23.0	25.8
能够将周围人的能力和长处发挥出来	29.4	15.3	16.1
为了引人注目，会有许多标显的言行举止	23.8	3.8	9.7

资料出处：Culture Studies 研究所、e-FALCON 共同实施的“欲求调查”

换句话说，上流阶层的男性性格比较开朗，没有什么特别喜欢或特别讨厌的人，他们人际关系好、处事谨慎、有执行能力，依赖性较弱，而下流阶层的男性性格比较忧郁、优柔寡断、有着很强的依赖性。

简单地说，上流阶层的男性颇像是一个组织中的领导者，大多属于运动型，而下流阶层男性中属于这一类型的人很少。这就意味着，在团块次代男性的身上还残留着浓厚的传统的性别意识，并且深深为这种意识所束缚。

相形之下，女性在这方面不像男性那样有着明显的阶层差距，然而上流阶层的女性很少有人回答“常常以为最后有谁可以为我做些什么”，这一点与男性是相同的。此外，上流阶层中有很多女性认为自己的性格“能够将周围人的能力和长处发挥出来”“为了引人注目，会有许多标显的言行举止”。

从上表中可以看出，女性与男性相反，阶层越是“上流”，就越没有所谓传统女性的样子，也越没有性别意识，反而有着与男性稍稍相似的领导者一般的性格。

“上流”女性味十足，“下流”喜欢颠覆

但是，上流阶层的女性未必都缺少传统印象当中女性所应有的样子，事实上情况恰恰相反。

例如，针对“男人应该有男人的样子，女人应该有女人的样子”这一问题，回答“同意”或“基本上同意”的团块次代女性当中，“上流”占 29.4%，“中流”占 21.1%，而“下流”则仅占 16.2%。如果将不拘于传统观念的“颠覆传统派”与“顺应传统

派”进行比较的话,“颠覆传统派”的人选择“同意”或“基本上同意”的占15.5%,但“顺应传统派”的人却占到了25.5%。

对于“女性在结婚后也应该有工作(自己的收入)”这一问题,回答“同意”的女性在上流阶层中只占5.9%,但在中流阶层和下流阶层则分别占到了30.8%和25.8%。同样以这个问题将“颠覆传统派”和“顺应传统派”进行比较的话,则“颠覆传统派”回答“同意”的占17.8%,而“顺应传统派”占25.4%。

此外,对于“结婚生子后,想工作和照顾孩子两不误”这一问题,回答“同意”的女性在上流阶层中占11.8%,在中流阶层和下流阶层则分别占17.3%和25.8%。

问到“单身的时候专注于工作,一旦结婚生子以后就想过以家庭为中心的生活”,回答“同意”或“基本上同意”的人在上流阶层中占53%,在中流阶层和下流阶层分别占44.2%和35.5%。

另一方面,同意“对结婚和工作都不怎么关心,只想按自己的方式生活”的人,在上流阶层中所占的比例为零,在中流阶层和下流阶层则分别占7.7%和22.6%。

综上所述,阶层越是“上流”的女性,越不屑“颠覆传统”,且越具有传统的男女观念。换句话说,不怎么重视传统的男女观念以及自身形象的女性,往往有着更强烈的反传统志向,阶层意识也更低。

更进一步说,上流阶层的女性不仅肯定传统的男女观念,同时性格中也颇具领导力,是属于“才色兼备”型的女性。她们是典型的高学历、工作能力强且容貌端庄的女性,然而结婚之后,她们又能成为一名乐于相夫教子,甘愿做家务和养育孩子的称职的专职家庭主妇。

“上流”善交际,“下流”不标显

从“第一次女性阶层化调查”的结果可以得知,性格在一定程度上也体现了阶层的差异。

当被问及用什么词句可以表现“自我风采”时,回答“善于交际”的18—37岁的女性当中,属于上流阶层的占29.6%,属于中流阶层和下流阶层的各占19.5%和15.8%。同样,回答“性格开朗”的该年龄层女性中,“上流”“中流”以及“下流”所占的比例分别是41.3%、37.4%和29.3%。此外,选择“朝气蓬勃”“自己有明确的想法”“主张自我”“大胆”“敢为人先、具有领导魄力”“喜欢照顾别人、体贴”“坚忍”等具有领导者色彩的性格的,也是上流阶层的女性居多(见表7-2)。

表7-2 不同的阶层表现“自我风采”的词汇(主要选项)
[18—37岁女性]

(%)

	上	中	下
n	223	867	910
有个性	41.3	32.2	33.4
大胆	18.8	10.8	11.0
自我主张	24.7	16.7	15.9
敢为人先,具有领导魄力	15.7	10.1	9.0
坚持自己的想法	46.2	36.4	32.1

续表

	上	中	下
喜欢照顾别人、替别人着想	34.5	29.5	26.3
有女人味、女性化	14.3	8.4	5.8
品行端正	17.9	8.2	5.7
性感	8.1	3.9	3.2
开朗	41.3	37.4	29.3
朝气蓬勃	36.8	29.1	24.9
理性	22.4	11.5	8.1
都市化	11.2	6.6	3.1
举止彬彬有礼	31.4	18.9	19.8
时髦	14.3	5.9	7.0
气质优雅	9.9	4.3	2.4
精力充沛	13.0	6.2	7.1
做事利索	22.4	16.1	13.5
沉稳	25.6	16.1	13.6
散漫	12.6	11.2	14.6
坚忍	34.1	22.8	22.1
悠闲自得	23.8	23.8	30.2
善于交际	29.6	19.5	15.8
爽快	10.8	7.0	6.7
执著	32.3	19.3	23.4
花哨	9.4	4.8	5.4
不标显	4.5	6.8	11.0
朴素	4.9	9.3	14.7
聪明	18.8	9.8	9.8
直率	26.9	22.4	19.8

资料出处：Culture Studies 研究所、读卖广告社共同实施的“第一次女性阶层化调查”

但同时，在一直以来为女性所追求的价值观方面，诸如“有女人味、女性化”“品行端正”“性感”“理性”“举止彬彬有礼”“气质优雅”等选项，也是上流阶层的女性选择更多。

此外，选择“都市化”“时髦”“做事利索”“精力充沛”“沉稳”“聪明”等词汇的同样也是上流阶层的女性居多，而这些选项给人的印象则是在工作方面很能干。

与此相对的则是，下流阶层女性所选的大多是“悠闲自得”“不标显”“朴素”，只有少部分人选择“敢为人先、具有领导魄力”“有女人味、女性化”“品行端正”“性感”“理性”“都市化”“气质优雅”“沉稳”“做事利索”“善于交际”等。

吊儿郎当的话，恋爱都谈不成

近年来，由于实力派职业女性不断增加，由女性撰写的实用商务类书籍也日渐增多，个人完成营业额在不列颠百科全书出版公司名列全球第二位的和田裕美就是其中之一，她的最新著作《受人欢迎的说话技巧》销量已达12万册。该书在报纸上刊出的宣传广告是这么写的：

“由于被爱，人生因此而改变！这是高明地、自然地将你的心情传达给对方的说话方式！引起共鸣的柔和用语、语尾训练、以微笑作武器……本书将教会你受用一生的七大说话秘诀！”

虽然这是一本写给企业营销人员看的书，但仅从它登在报纸上的广告语来看，简直就像是一本教人如何交男友的书。反过来说，事业成功的人，或许恋爱也相对容易成功。因为无论是工作还是恋爱，最重要的一点就是沟通，而沟通就是要积极地表现自己，唯一不同的只是推销自己和推销产品而已。

这样一来，善于运用沟通能力的女性，就有可能在工作、恋爱和婚姻方面都如愿以偿。能够很好地推销自己的女性（当然也包括男性），无论就职还是恋爱都所向披靡。

当今时代，女性已经不像从前那样，只能默默地等待男性来追求，也不是安安静静地在办公室里倒着茶端着咖啡，就会有男上司自说自话地找上门来谈婚论嫁。理想的对象要自己去寻找，不主动出击是不行的。因为现在是“恋爱我做主”的时代，不积极进取、萎靡不振的话，就很有可能在恋爱婚姻的争夺战中出局。

对女性来说，在具备女性应有的性格的同时，也能具备有利于工作、充满领导魄力的新时代的性格，那才是最具有“上流”意识的。相反，如果两者都不具备，那她就可以说是最具“下流”意识的。而这不正是现代女性之间差距加大的表现吗？

旧时有句嘲笑男人的谚语：美男子总是无钱又无权。而如今上流社会的女性则是同时兼具女人味（姿色）、金钱和权力，又有着理性、聪明、社交性等多种优秀特质（参见三浦展著《“自然派女性”的时代》）。

从“第二次女性阶层化调查”的结果也可以看出，尽管想得到男性垂青的心理不存在阶层的差别，但女性的阶层越是往“上”，对自己的容貌或工作能力就越抱有自信，同时对自己身为女性以及怀孕、生育等越是持肯定的态度（见表7－3）。

表7－3　不同阶层女性的意识差距（主要选项）
［18—37岁女性］

（%）

	上	中	下
n	123	305	172
期望得到男性的垂青	38.2	42.6	37.2

续表

	上	中	下
女性应该更加关注社会	27.6	16.7	18.6
对自己的容貌有某种程度的自信	38.2	20.3	10.5
对自己的工作能力有某种程度的自信	39.8	22.6	19.2
身为女性是一件快乐的事情	56.9	43.9	33.7
作为女性理应生育	59.3	49.2	47.1
能够怀孕和生育是女性的幸福	51.2	41.6	38.4
不想结婚	4.1	2.3	8.7

资料出处：Culture Studies研究所、读卖广告社共同实施的“第二次女性阶层化调查”

恋爱难的时代

随着女性中从事综合事务的人数日益增多，使得男性不仅仅同男性竞争，还必须以相同的标准与女性同台竞争，因此很难再像从前那样，男女之间可以产生朴素而单纯的恋情，这也可以认为是造成现今晚婚化、少子化的原因之一。

如前所述，在女性整体因受到区别对待而“同质化”的时代，男性无疑是得到优厚待遇的，故男性同性之间的关系也比现在更为平等。另一方面，过去男性和女性的关系并不是个人对个人，而是整个群体对整个群体的关系，因而恋爱结婚也就比现在容易得多。

如果男性和女性不是以群体而是作为个人来面对的话，恋爱必然会变得困难，更何况是寻找配偶这样的终身伴侣，更需要细细地品评和比较对方身上所具备的各种特质，所以相互加深了解的沟通能力也就显得尤为重要。

就像在落语里出现的场景一样，长辈对某个男子说，你差不多该结婚、该有个家庭了，可你不够沉稳，还是找个可靠一点的女子比较好，所以你就跟这个女孩子交往吧。于是两人没过几天就结婚，开始了夫妇生活。这种情况在现代是不可能出现的。如今的男性和女性已经不是两个各自具有共通性的群体，为了以个人对个人的方式来进行接触，就必须从寻找双方的一致点开始，慢慢地加以沟通。

这样一来，沟通能力越强的男女，结婚越是容易，越能胜任工作，也越能够享受生活；另一方面，沟通能力越差的男女，就越不容易结婚，越喜欢一个人独处，越没有工作与消费的欲望。也就是说，不管男性还是女性，都会因为沟通能力的不同而被划分为“上流”或“下流”。因此，“上流”男性与“上流”女性、“下流”男性与“下流”女性结合起来才会更加容易。

“下流”不随时尚而逐流

女性在生活方式上的意识差异，也会反映在对时尚的认识上。根据“第二次女性阶层化调查”的结果，回答不为了解时尚而阅读时尚杂志的，在上流阶层女性中占 23.6%，而在中流阶层和下流阶层的女性当中，这一比例分别为 28.2% 和 34.9%，阶层越是“下流”，越不阅读时尚方面的杂志（“第一次女性阶层化调查”中的统计数字也大体相同）。

因此，越是下流阶层的女性，越不关心杂志上所谓“可爱型”“美丽型”等时尚派别。“根本不去考虑这些时尚派别”的“漠不关心派”,在上流阶层的女性中占32.5%,而在中流阶层和下流阶层“漠不关心派”的比例分别上升至39%和44.8%,呈现阶层越“下流”人数越多的态势。

此外,信奉“自己觉得合适的就是时尚”的人在“上流”和“中流”阶层中分别占20.3%和19.7%,而在“下流”阶层的女性中却占到了27.3%,可见“下流”女性从总体上来说对时尚的关心度相当低。

不同阶层的饮食生活

另一方面,这种阶层意识的差别,也明显地表现为饮食生活的不同。

从“欲求调查”的结果来看,男性在常去的餐饮店方面没有什么阶层的差别。但是对于“松屋”“GUSTO”“JONATHAN'S”等快餐性质的连锁餐饮店,从下流阶层到中流阶层有支持度上升的倾向。

与男性相比,女性在这方面则有着明显的阶层差别。只有“星巴克”才赢得上流阶层中的众多支持者,其他连锁餐饮店则大多获得了中流阶层女性的支持。而“萨莉亚”“麦当劳”“罗多伦咖啡”“吉野家”“松屋”等则在下流阶层的女性中拥有众多支持者。

此外,中流阶层的女性对连锁餐饮店的支持程度高得惊人。一般认为,这是由于中流阶层有小孩的女性较多的缘故,当然也存在着上流阶层的女性有意拒绝大众化连锁餐饮店的可能性。

根据“第二次女性阶层化调查”的结果，可以看到在以下这些选项中，很明显下流阶层女性选择的人数占大多数：

“经常不吃早餐”（45.3%）（括号内为下流阶层女性所占的比例，下同）

“用餐时间不固定”（45.9%）

“觉得吃饭是一件很麻烦的事情”（30.8%）

“烧饭做菜太烦人”（45.3%）

“经常在便利店里买盒饭”（20.3%）

“买食品、饮料时，会选择食品杂货店”（44.2%）

“曾经过量进食或拒食”（15.7%）

“经常吃方便面”（17.4%）

“会留意便利店里新推出的甜点”（23.8%）

而以下这些选项，阶层越往下，选择的比例越小：

“喜欢烧饭做菜”（32.0%）

“经常看杂志烹调专栏的文章”（31.4%）

“选择食品的时候很在意是否含有添加剂”（14.5%）

“尽量多食蔬菜”（43.0%）

“注意营养均衡”（36.6%）

综上所述，“下流”女性对于饮食生活的关心程度较低。她们觉得烧菜或吃饭是件麻烦的事情，经常不吃早餐，常常食用便利店里的盒饭或方便面，不太关心食品中的添加剂以及营养成分，饮食缺少规律，导致过量进食或拒食的危险性也很高。

“下流专用方便面”的时代

在经济高速成长期之前，越贫穷的人越不吃加工食品。因为加工食品相对价格比较贵，所以通常都会自己动手做饭。然而现在，加工食品反而便宜，与其自己做饭，还不如去便利店、家庭式餐厅或小酒馆比较划算。因此，阶层越是“下流”的人，越是依赖加工食品产业。

事实上，日清食品的安藤宏基社长在2004年9月公布企业决算报告时曾表示：“今后日本人中会出现年收入700万日元以上和年收入不到400万日元的两极化趋势。日清食品会面向年收入700万日元以上的消费者，开发出高附加值的健康型拉面，针对年收入不到400万日元的消费者，则推出低价格的产品。”此发言成为轰动一时的话题。安藤社长还表示，虽然一般的纸杯装方便面定价为150日元，但在2005年秋季，日清食品会推出以年收入400万日元以下的消费者为对象、定价介于100日元至130日元之间的新产品。

根据日经BP公司网站披露的消息，安藤社长之所以做出这样的决定，是因为伊藤忠商事的会长丹羽宇一郎（他也是日清食品的独立董事）说过这样一段话：“日本的消费者就像美国一样，正因收入的变化而产生两级分化的趋势，如果无视低收入阶层,日本的企业今后将无法取得成功。”

虽然日清食品近年来在开发200—300日元以上高附加值方便面上取得了成果,但前去折扣店购买100日元以下方便面的消费者人数也在增加。因此,日清食品的做法实际上是基于这样一种判断:如果无视这一层消费者,未来的企业发展将有可能走入瓶颈。

啤酒销量日渐萎缩,而用大豆制成的、价格更加低廉的发泡酒及“第三类啤酒”[1]畅销市场,同样使得我们明白这样的道理:假如忽视了下流阶层的消费需求,企业就会遭到市场的无情抛弃。

一方面有想买丰田“雷克萨斯”高级轿车的富裕阶层,另一方面也有看中更便宜的方便面和发泡酒的下流阶层,这就是现在的日本。

“郊外下流阶层女性”的生活

根据“欲求调查”的结果,在对团块次代和新人类世代总合起来的世代(也就是1971—1975年期间出生和1961—1965年期间出生的人群),根据其价值观、幸福观、兴趣爱好等变数分别从男女双方进行分析时,发现了一个奇特的分组(根据前述与博报堂进行的共同研究)。在此,暂且将这个分组命名为“郊

1　第三类啤酒:指酒精浓度低于普通啤酒的酒精类饮品,它是日本酒类生产厂家为规避高额的烟酒生产税而研制出来的,由于该类商品税率低于啤酒,因此价格也低于普通啤酒。

外下流阶层女性”。

“郊外下流阶层女性”的阶层意识显得十分低下，属于“上流”的仅为 9.1%，“中流”为 36.4%，而“下流”则占到了 54.5%。“郊外下流阶层女性”尤以居住在千叶县和埼玉县的为多，两县的出身者共计占 63.7%，是各县出身者中人数最多的（平均为 38.5%）。

在婚姻状况方面，已婚的占 90.9%。家庭型态中由夫妇和孩子共同组成的为 72.7%，比平均值 53.5% 高出了许多。职业为专职家庭主妇的占 54.5%，也比平均值稍高。总之，这是非常典型的郊外家庭。

在收入方面，年收入不足 300 万日元的占到了 54.5%，远高于平均值 30%，明显属于低收入阶层。住房拥有率达到 63.6%，比平均值高，不过这些住房全部都是独户平房，没有一户拥有高级公寓。

储蓄额不足 150 万日元的人占 45.5%，与平均值相差无几。36.4% 的人向银行申请了房屋贷款，但从 63.6% 住房拥有率来看，有 27.2% 的人已经还清了贷款。

学历方面，“郊外下流阶层女性”全都低于大学程度，这也显示出这个分组的奇特性。

出生地为首都圈一都三县的人占 90.9%，超过 74.5% 的平均值，与其说她们是郊外第二代，还不如说是一直住在千叶县和埼玉县的家庭的后代。

配偶的职业是服务性行业（理发美容师、餐馆服务生、出租车司机等）和现场作业人员（建筑工、维修工、工程作业员）的占

36.4%，与其他分组6.6%的平均值相比，这个比例相当高。

这类“郊外下流阶层女性”在消费行为特别是在饮食行为方面有着鲜明的特征。

首先，她们最常去的饮食场所是“麦当劳”，占90.9%（平均值为67.5%，下同），其余依次为“GUSTO”占63.6%（31.0%），“萨莉亚”占54.5%（40.6%），“乐天利”占36.4%（9.6%）等，全都是价格低廉、快餐性质的餐饮店。

在平时经常吃的食物选项中，巧克力为81.8%（56.9%），汉堡包为72.7%（33.5%），冰激凌为72.7%（49.7%），薯片为63.6%（37.1%），膨化食品为63.6%（42.1%），披萨为54.5%（21.8%），中式肉包为54.5%（22.8%），润喉糖为54.5%（28.9%），曲奇饼干为45.5%（29.4），与其他分组相比，可以发现“郊外下流阶层女性”平时吃得最多的是零食或快餐类食品。

此外，从对于食物的要求来看，选择“量多”的占45.5%（25.9%），选择“吃完后容易清理”的占36.4%（23.9%），比例也超过了其他分组。

再看兴趣爱好方面，位列第一的是电脑、互联网，占90.9%（67.0%），其余依次为旅游、休闲占72.7%（49.2%），电视游戏占63.6%（21.3%），露营、户外活动占54.5%（11.2%），卡拉OK占45.5%（22.3%），滑雪占36.4%（7.1%），钓鱼占27.3%（5.1%），保龄球占27.3%（7.6%），滑板占27.3%（14.2%）等。虽然略倾向于室内活动，但积极从事户外活动或户外运动的人，也远在平均值以上。

在经常购物所去的商店中，她们所选最多的选项为“7—11

便利店”，占 90.9%（62.9%）。其余依次为“罗森便利店”72.7%（34%），“优衣库”72.7%（53.3%），“松本清药妆店”63.6%（40.6%），“全家便利店”54.5%（36%），“山田电机”54.5%（37.6%），“Keiyo D2”45.5%（20.8%），“GEO”27.3%（7.1%），可以看出“郊外下流阶层女性”有经常在折扣店或便利店消费的习惯。

由以上消费行为特征来看，“郊外下流阶层女性”在价值观方面没有突出的特征，这可能是因为她们本来就是一群没有鲜明的价值观的人。

在人生观方面，选择“和别人过一样的生活”的人较多，占36.4%（28.4%），选择“抓住眼前快乐地过好每一天”的人较少，占18.2%（36.5%），选择“为将来考虑，有计划地度过人生”的人也不多，只占18.2%（32.0%）。可见她们把握现在和考虑未来的人都比较少，“郊外下流阶层女性”似乎认为理想的生活就是平凡地度过一生。

对于生活中所注重的事情，选择“朋友、人际关系”和“有个性，展现自我”的人也较少，分别只有18.2%、38.1%和43.7%。

当被问及什么时刻感到幸福时，回答“与丈夫两个人在一起的时候”的人为0（26.4%），回答“潇洒地奢侈一把的时候”的人也为0（21.3%），选择“打扮时髦的时候”“学到新知识的时候”“与好友在一起的时候”的人各占9.1%（21.8%，26.4%，27.9%），其他选项为“完成某件事情的时候”占18.2%（49.7%）、“感觉到自己成长的时候”占18.2%（29.4%）、“被感动的时候”占36.4%（50.8%）。从这些选项中显现出“郊外下流阶层女性”有略微孤独、缺乏活力的倾向。

与平均值差不多甚至超过平均值的选项则有：回答“享受美食的时候”的人占 72.7%（72.1%），回答“与孩子在一起的时候”的人占 54.5%（34.0%），回答“收入增加时”的人占45.5%（39.1%），此外回答“一个人独处的时候”的人占 27.3%（23.9%），可以看出“与孩子在一起的时候”感到幸福的人数比例明显高于其他分组。

关于什么是理想的家庭，选择“气氛快乐的、开朗的”为 100%（84.3%），选择“健康的”为 72.7%（73.1%），选择“关系和谐的”占 72.7%（76.6%），而其他选项都低于平均值。由此可见，“郊外下流阶层女性”所期望的只是最低限度的幸福。

从某种意义上讲，这个分组或许可以说是快乐地生活在“年收入 300 万日元时代”的典型案例。

阶层化社会取决于团块次代女性的下一代

最后再来看看有关孩子教育的问题。如果日本从现在开始，社会的阶层差距愈加扩大，并且固定化，那么可以认为，决定这一社会趋势的将是团块次代，特别是团块次代女性的孩子们。

团块次代的女性一生下来就恰逢联合国妇女大会成立、发展的时代，她们是在女性权利不断扩大的浪潮中长大成人的。1986 年日本实施《男女雇佣机会均等法》的时候，她们正值中学时代，她们拥有强烈的男女平等意识，她们这一代进入四年制大学的人数也超过了短期大学的入学人数。

然而，正因为如此，团块次代的女性并没有因为相同的性别而处于同一战线。在这个世代当中，既有年收入1000万日元的女性，也有低收入的自由打工者，阶层差距相当大。她们如果生儿育女的话，这种差距也有可能会进一步被拉大。高收入的夫妇，也许会早早地便将孩子送到国外留学，而低收入的夫妇，却只能让孩子接受普通的教育。这样一来，这些孩子之间的阶层差距究竟会发生怎样的变化呢？

让我们来看一下，在“欲求调查”中被问及“对于自己孩子将来的期望是什么”时团块次代与新人类世代的女性有何不同的回答（见表7－4、表7－5）。

表7－4　团块次代女性、新人类女性对孩子教育的期望（对男孩）

（%）

	团块世代				新人类			
	全体	上	中	下	全体	上	中	下
n	100	17	52	31	100	13	52	35
出国留学	13.0	23.5	9.6	12.9	15.0	15.4	17.3	11.4
英才教育	7.0	17.6	3.8	6.5	6.0	7.7	3.8	8.6
个性化教育	63.0	52.9	69.2	58.1	49.0	30.8	57.7	42.9
放任式教育	29.0	23.5	30.8	29.0	15.0	0.0	15.4	20.0
进入一流大学或一流企业	8.0	17.6	5.8	6.5	9.0	15.4	9.6	5.7
成为公务员	3.0	0.0	1.9	6.5	10.0	15.4	1.9	20.0
拥有一技之长	49.0	58.8	44.2	51.6	47.0	30.8	44.2	57.1
成为中小企业的经营者	1.0	0.0	0.0	3.2	1.0	0.0	0.0	2.9
成为医生、律师、税务师	6.0	11.8	5.8	3.2	2.0	0.0	0.0	5.7
成为大学教授	1.0	5.9	0.0	0.0	1.0	0.0	0.0	2.9
成为名人	2.0	5.9	0.0	3.2	2.0	7.7	0.0	2.9
参加志愿者或国际贡献活动	6.0	17.6	1.9	6.5	10.0	7.7	7.7	14.3

续表

	团块世代				新人类			
	全体	上	中	下	全体	上	中	下
参加社会或国际贡献活动	7.0	5.9	5.8	9.7	11.0	7.7	9.6	14.3
关心日本文化与历史	20.0	29.4	15.4	22.6	17.0	23.1	15.4	17.1
关心西洋文化与历史	12.0	5.9	9.6	19.4	10.0	7.7	9.6	11.4
掌握外语	52.0	70.6	44.2	54.8	49.0	38.5	57.7	40.0
培养高尔夫球或网球技艺	5.0	5.9	3.8	6.5	7.0	0.0	13.5	0.0
钢琴或小提琴等乐器演奏	15.0	17.6	11.5	19.4	15.0	15.4	15.4	14.3
具有古典音乐造诣	6.0	5.9	3.8	9.7	7.0	15.4	5.8	5.7
举止高雅	22.0	35.3	26.9	6.5	14.0	7.7	17.3	11.4
按照自己的价值观生活	79.0	82.4	75.0	83.9	76.0	53.8	80.8	77.1
其他	5.0	0.0	5.8	6.5	1.0	0.0	0.0	2.9
没有什么特别的期望	2.0	0.0	1.9	3.2	2.0	0.0	1.9	2.9

资料出处：Culture Studies 研究所、e-FALCON 共同实施的“欲求调查”

表7－5　团块次代女性、新人类女性对孩子教育的期望(对女孩)

(%)

	团块世代				新人类			
	全体	上	中	下	全体	上	中	下
n	100	17	52	31	100	13	52	35
出国留学	12.0	23.5	7.7	12.9	15.0	23.1	13.5	14.3
英才教育	6.0	17.6	0.0	9.7	7.0	15.4	1.9	11.4
个性化教育	60.0	52.9	63.5	58.1	50.0	61.5	57.7	34.3
放任式的教育	36.0	29.4	34.6	41.9	20.0	7.7	21.2	22.9
进入一流大学或一流企业	5.0	11.8	3.8	3.2	7.0	15.4	5.8	5.7
成为公务员	3.0	0.0	1.9	6.5	5.0	7.7	0.0	11.4
拥有一技之长	44.0	41.2	42.3	48.4	51.0	69.2	46.2	51.4
成为中小企业的经营者	1.0	0.0	0.0	3.2	0.0	0.0	0.0	0.0
成为医生、律师、税务师	4.0	5.9	3.8	3.2	3.0	15.4	0.0	2.9
成为大学教授	0.0	0.0	0.0	0.0	0.0	0.0	0.0	0.0

续表

	团块世代				新人类			
	全体	上	中	下	全体	上	中	下
成为名人	2.0	5.9	0.0	3.2	2.0	7.7	0.0	2.9
参加志愿者或国际贡献活动	8.0	17.6	5.8	6.5	11.0	15.4	7.7	14.3
参加社会或国际贡献活动	8.0	5.9	9.6	6.5	11.0	15.4	7.7	14.3
关心日本文化与历史	18.0	29.4	13.5	19.4	15.0	38.5	9.6	14.3
关心西洋文化与历史	10.0	5.9	7.7	16.1	13.0	15.4	7.7	20.0
掌握外语	50.0	64.7	42.3	54.8	51.0	61.5	58.3	42.9
培养高尔夫球或网球技艺	4.0	0.0	3.8	6.5	10.0	0.0	17.3	2.9
钢琴或小提琴等乐器演奏	22.0	23.5	21.2	22.6	32.0	46.2	30.8	28.6
具有古典音乐的造诣	7.0	5.9	5.8	9.7	8.0	15.4	7.7	5.7
举止高雅	42.0	58.8	46.2	25.8	40.0	46.2	40.4	37.1
按照自己的价值观生活	80.0	76.5	80.8	80.6	84.0	92.3	82.7	82.9
其他	4.0	0.0	5.8	3.2	3.0	7.7	1.9	2.9
没有什么特别的期望	2.0	0.0	1.9	3.2	3.0	0.0	1.9	5.7

资料出处：Culture Studies 研究所、e-FALCON 共同实施的“欲求调查”

考虑到已婚或未婚、是否育有孩子等因素可能会对回答上述问题产生影响，故另外根据已婚未婚、有无孩子分别进行了统计和分析，但统计结果无甚差别，因而最终仍旧不加区别而以整体来进行统计和分析。

此外，就男性而言，他们对孩子的期望值没有女性那么高，阶层意识也相对较薄弱，因而没有将之纳入分析的对象。

上流阶层拒绝放任式教育

先来看团块次代和新人类世代的女性，对于男孩子有着怎样的期待：

	团块次代女性	新人类世代女性
按照自己的价值观生活	79%	76%
个性化教育	63%	49%
掌握外语	52%	49%
拥有一技之长	49%	47%
放任式教育	29%	15%

与新人类世代的女性相比，团块次代的女性当中选择“个性化教育”“放任式教育”的人较多，这或许是因为团块次代的女性经受过较大的升学压力的缘故。

根据不同的阶层意识来看团块次代，期望孩子“掌握外语”的人在上流阶层中占70.6%，希望孩子“拥有一技之长”的人在上流阶层中占58.8%。再来看新人类世代，在期望孩子“掌握外语”方面没有阶层差别，但阶层越是往“下”，希望孩子“拥有一技之长”的人数越多，这与团块次代在调查中显示出来的倾向有所不同。

此外，虽然选择的人数不多，但阶层差异较大的是“出国留学”一项，团块次代的上流阶层中有23.5%的人希望自己的孩子能够出国留学。另外，希望孩子接受“英才教育”“进一流大学或一流企业”“成为医生、律师、税务师”的也是阶层越往“上”人数越多。新人类世代在“留学”“英才教育”“成为医生、律师、税务师”方面没有阶层差异，只是较多上流阶层的人希望孩子

“进一流大学或一流企业”。

还有一个特别明显的倾向，就是团块次代的上流阶层中，希望孩子有“高雅举止”的人占35.3%，中流阶层为26.9%，但下流阶层中有此期望的只占6.5%。不过这一选项在新人类世代中看不出什么阶层差异。

顺便说一下，在希望对自己的孩子进行“放任式教育”方面，上流阶层的人选择此项的占23.5%，中流阶层占30.8%，下流阶层占29.0%。虽然在统计学上很难说有什么明显的不同，但仅从以上数字来看，上流阶层中选择此项的人数略微少一些。同样，在新人类世代当中，上流阶层选择此项的人数为0，中流阶层和下流阶层中有此期望的人各占15.4%和20%。由此可见，这两个世代的上流阶层都不希望对自己的孩子施以“放任式教育”。

再来看看团块次代和新人类世代的女性，对于女孩子又有着怎样的期待：

	团块次代女性	新人类世代女性
按照自己的价值观生活	80%	84%
个性化教育	60%	50%
掌握外语	50%	51%
拥有一技之长	44%	51%
举止高雅	42%	40%
钢琴或小提琴等乐器演奏	22%	32%

团块次代的女性阶层越往“上”，期望女孩子有“高雅举止”

的人越多，其中上流阶层女性所占比例为58.8%，中流阶层和下流阶层分别为46.2%和25.8%。新人类世代也是如此，期望女孩子有“高雅举止”的上流阶层女性占46.2%，中流阶层为40.4%，下流阶层则为37.1%，各阶层之间的差异不甚显著。

团块次代和新人类世代的女性对于女孩子“掌握外语”的期望，也显示出阶层越往“上”，有此期望的人数略有增多的趋势。

在“出国留学”“进一流大学或一流企业”“关心日本文化与历史”方面，新人类世代上流阶层女性中有此选项的人数较多，而在“英才教育”和“参加志愿者或国际贡献活动”方面，却是团块次代的上流阶层女性有此选项的人数稍多。

在是否对女孩子施以“放任式教育”这一点上，与对男孩子一样，团块次代和新人类世代的上流阶层女性中有此期望的人数都较少。

“个性化教育”的理念在团块次代中不存在阶层差异，但在新人类世代当中，则显现了阶层上的差异，因为新人类世代的上流阶层中有61.5%的女性希望对女孩子进行个性化教育，而在中流阶层和下流阶层中这一比例分别降至57.7%和34.4%。

团块次代的女性中较少有人期望女孩子会“钢琴或小提琴等乐器演奏”，也不存在阶层的差异；然而较多新人类世代的女性有着这方面的期望，并且还存在着阶层的差异，上流阶层中所占比例达到了将近半数的46.2%。

为什么团块次代的女性在“个性化教育”“乐器演奏”方面没有阶层差异，而新人类世代的女性在这两个方面却存在着阶层的差异呢？

究其原因，或许是因为新人类世代与团块次代一样，都认为有个性是件好事，而且阶层越往“上”，愈加追求个性。事实上，在被问及“生活中所重视的事情是什么”时，新人类世代中选择“有个性、按照自己的价值观生活”的比例已经显现出阶层的差异，其中上流阶层为61.5%，中流阶层为42.3%，下流阶层为37.1%。除此之外，还有一个原因是新人类世代从幼年就开始学习钢琴或小提琴等乐器，在当时被视为一种社会地位的象征。

但正如前述，对团块次代来说，有个性、按照自己的价值观生活的志向已经普及到了下流阶层，而且不论是谁都可以学习乐器，因此在这方面也就不存在阶层差异了。

团块次代“上流”女性期望孩子既高雅又国际化

从以上调查结果来看，具有鲜明特征的是不少团块次代上流阶层的女性，无论对男孩子还是对女孩子，都希望他们有“高雅的举止”，而且这一世代在此方面显现出的阶层差异要比新人类世代更显著。同样，无论对男孩子还是对女孩子，希望自己的孩子“掌握外语”、接受“英才教育”、“参加志愿者或国际贡献活动”的，也都是上流阶层的女性较多，且较之新人类世代同样更显现出阶层的差异。

综上所述，可以发现团块次代的“上流”女性教育下一代的观念似乎是要将孩子培养成既高雅又兼具国际化的国际通用型人才，这种倾向较中流阶层更为明显，而下流阶层的女性则几乎没有这样的想法。

需要指出的是，团块次代“上流”女性中有海外留学或派驻海外工作经验的人占29.4%，比例相当高。这个数字仅比团块次代上流阶层男性的35.7%略低。也就是说，许多团块次代上流阶层的女性可能因为父亲工作的关系，有过在海外居住和生活的经验，也就是所谓的“归国子女”，还有不少赴海外留学考取各种资格的人。或许正是基于这些自己的亲身经验，使她们养成了将孩子培养成国际通用型人才的教育观念。

与此相对，团块次代下流阶层女性的教育观念则是让孩子拥有一技之长，从而可以按照自己的价值观自由自在地生活。

当然，不论哪一种生活方式都应该受到尊重。但是，属于下流阶层的父母也会希望自己的孩子能够跻身上流阶层，这时就会产生各种各样的问题了。

今后越是年轻的世代，阶层意识的差距可能会愈加明显。笔者从在大企业里工作的熟人那里听说，如今经济不景气，在竞争激烈的“就业战争”中胜出的新职员，名副其实学业优秀，大多拥有留学经验，且有着强烈的优越感，但他们所从事的却是类似于走街串巷推销的工作，甚至有的需要昼伏夜出、披星戴月。这些新职员都是从小学开始就要经过入学考试的一代，他们从小就经历了各种各样的“选拔”，而且是一群只与自己同阶层的人来往的年轻人，如今开始踏上社会了，这些有着强烈优越感的人能否胜任这样粗重的工作？他们能够体会普通大众的心情吗？实在令人为之担忧。

孩子必须选择自己的生活方式

在笔者的熟人当中，有一对住在东京远郊的奥多摩、过着嬉皮士般生活的夫妇。他们俩都是非常风趣的人，妻子为人善良，丈夫则毕业于一流大学，颇有才华。丈夫的工作是写作，间或会有一两本书出版，而且是那种很有个性的书，然而书越是有个性，收入可能就越少。

那对夫妇最近有了孩子。当然孩子只接受公立教育，可能根本不会去上私塾或是课外补习班，因为他的父母从来就不喜欢那种类型的教育。

尽管父母是嬉皮士，但孩子将来长大后是否也愿意步他们的后尘却未可知。就算父母都很优秀，也不能强求孩子的人生同样精彩。父母想要我行我素，按照自己的方式过着悠闲自在的生活，可是不能强求孩子也接受那样的价值观。父母、政府机构以及整个社会，都有义务为孩子准备尽可能多样化的人生选择。对于嬉皮士的孩子，也应该为他们开创将来活跃于世界舞台的可能性，使其成长为国际通用型的人才。

令人担忧的是，团块次代女性那种“让孩子拥有一技之长，以便能够按照自己的价值观生活”的教育观念，是否真的能够为孩子创造美好的将来？或者也存在另一种可能性，那就是父母本身就觉得自己的孩子无法成为国际通用型的人才，因而选择了放弃。

因此就产生了一个悬念：当团块次代女性的孩子长大成人时，眼下正在日益扩大的阶层差别是否会进一步扩大、进一步固化，从而演变为一个彻彻底底的“阶层化社会”？

第八章　阶层分化导致了居住地的固定化？

东京的地形——山手圈和“下只角”

在有关东京地理的书籍当中肯定会提到，东京的地形就如同将左手五指张开、指尖向右放置的形状，手指的部分是山丘（台地），手指和手指之间则是谷地。

首先，在神田的北面，是东京大学所在的本乡台地，从那里到丰岛区属丰岛段丘，它的对面是武藏野段丘；目黑川的周边则是目黑台，它的南面是久原台，位于多摩川对面的是多摩丘陵。

就这样，东京的地形由山丘和谷地组成，越往西面是地势越高的丘陵地带，东部则是延伸开来的低地。这种地形特征决定了东京的住宅发展历史，并与居住在那里的人们的社会阶层有着密切的关系。

在笔者以前编辑的杂志中，曾经提出过所谓的“第四山手圈论”（参见图 8－1）。

图8-1 山手圈的移动

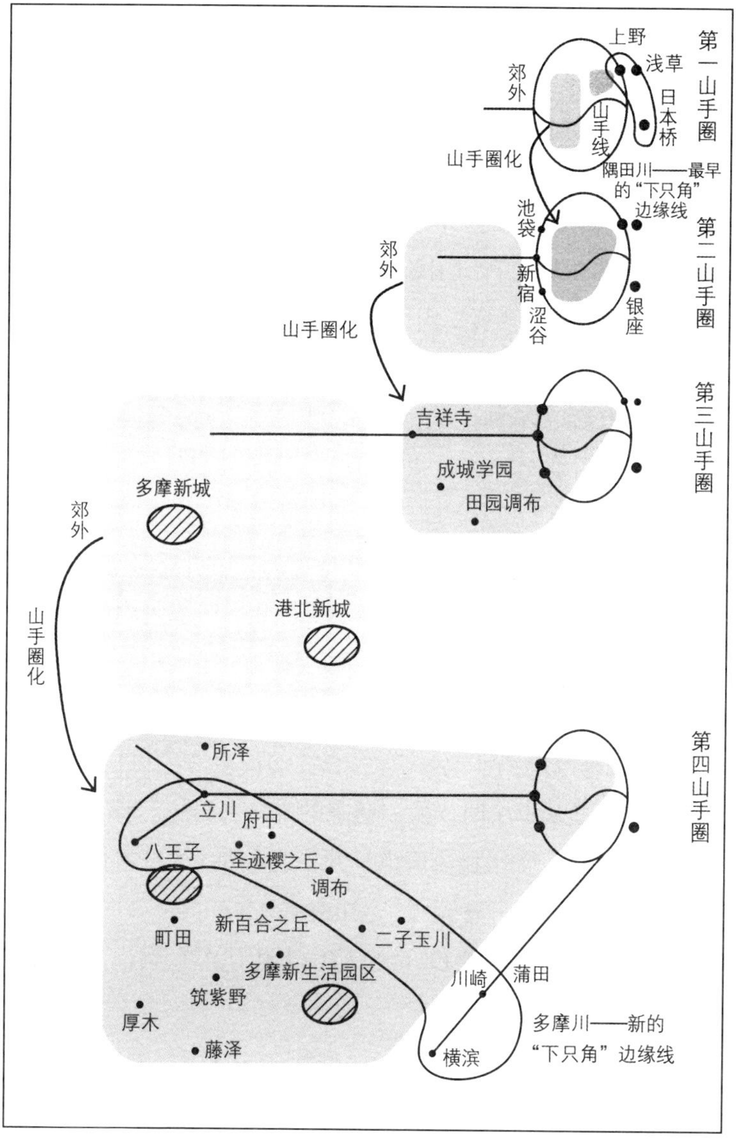

（资料出处：*ACROSS* 编辑部“东京的扩张”）

上野车站的东侧是一片低地，从那里往美术馆、博物馆的方向走，会遇见一道陡坡，那就是被称为上野之山的西乡山。在它的西面是前面提到过的本乡，那里有加贺百万石的屋舍，[1]笔者将这块台地命名为“第一山手圈”。

此后，在明治（1868—1912 年）、大正（1912—1926 年）时代，位于如今市中心的地铁环线山手线内侧西半部丘陵地带、原为武士所有的土地开始向民间出售，并且被开发为住宅用地，笔者将那一带命名为“第二山手圈”。当地的很多地名中都有一个“山”字，当今日本皇后美智子出生的地方就叫池田山。还有叫作代官山的地方，那里有一座西乡山公园。

从大正后期至昭和（1926—1989 年）初期，更多西侧的土地被开发为住宅用地。因为当时东京的人口急剧增加，还有一个原因就是关东大地震，使得东面低地上的住宅几乎被破坏殆尽，人们无法继续在那里居住，于是很多人搬迁到了西侧的丘陵地带。这样便渐渐形成了“第三山手圈”，它的区域相当于世田谷区、杉并区和目黑区一带。建造于那个时代的田园调布、成城，如今成了东京乃至全日本具有代表性的高级住宅区，荻窪和吉祥寺等也都是从那个时候发展起来的人口聚居地。日本皇太子妃雅子的出生地就在目黑区的洗足。换句话说，日本皇后的诞生地从第二山手圈外移到了第三山手圈。

接着便是“二战”之后，急速的城市化使得东京都的区域不

---

1 “加贺百万石”为江户时代加贺藩的美称，加贺藩大名（诸侯）前田家族的领地号称出产粮食百万石，是当时全国唯一拥有百万石土地的藩主，显赫一时。此处的屋舍即前田家族第 16 代前田利为之府邸，于 1929 年竣工，为当时号称“东洋第一”的建筑。室外古树环绕，室内富丽堂皇。

断向多摩川西侧的多摩丘陵延伸扩大，町田、八王子、多摩新城，还有位于横滨市和川崎市的青叶区、麻生区、港北新城等陆续被开发和建成。于是就像电视剧《金妻》当中所描绘的那样，东急田园都市线沿线等地随着居民的高龄化，住宅也日渐高级化了。从这种现象入手，可以发现从现在开始，新的山手圈将从这里诞生，这也就是笔者所提出的"第四山手圈论"。

住在山手圈内的中流阶层

所谓山手圈、"下只角"，并不单指地形，同时也表示住在那里的人们的阶层和生活状态。

说到山手圈，从字面上来看，就是指山或者丘陵地带。山丘的上面居住着处于支配地位的阶层。无论哪个国家，上流阶层都喜欢住在高的地方，比如山上或是丘陵之上，在美国有比弗利山庄，在巴黎则有蒙马特高地。如果没有山丘，那就建造一座人工山——超高层的住宅楼，住在最上层，领略身居高处高高在上的感觉，东京的"六本木山"便是这样诞生的。

在东京，这样的丘陵地带从皇室所在地的西侧延伸出去，因此直到现在，依然保持着上流阶层或中流阶层住在西侧、普通平民百姓住在东侧的格局。西侧是山手圈，东侧便是所谓的"下只角"。

军人、学者、医生大体上也都住在山手圈，日本文豪森鸥外[1]和夏目漱石[2]就都住在本乡。

1　森鸥外（1862—1922）：日本小说家、翻译家、评论家、军医，本名森林太郎。明治、大正时代的代表性文学家，为确立日本现代文学做出贡献。

2　夏目漱石（1867—1916）：日本小说家、英国文学研究家，本名夏目金之助。

图 8－2 是东京帝国大学[1]教授的住所分布图。在明治二

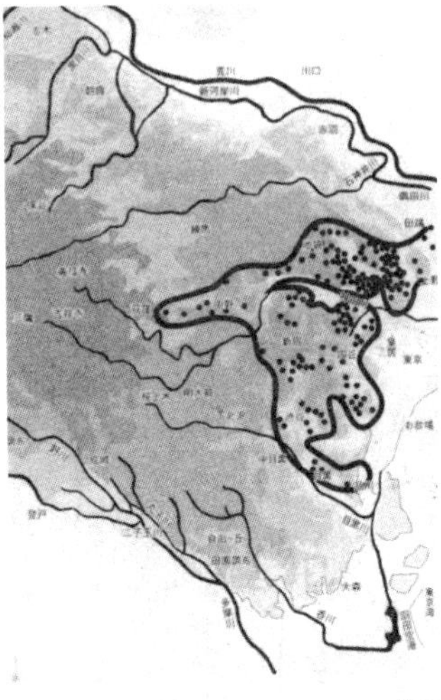

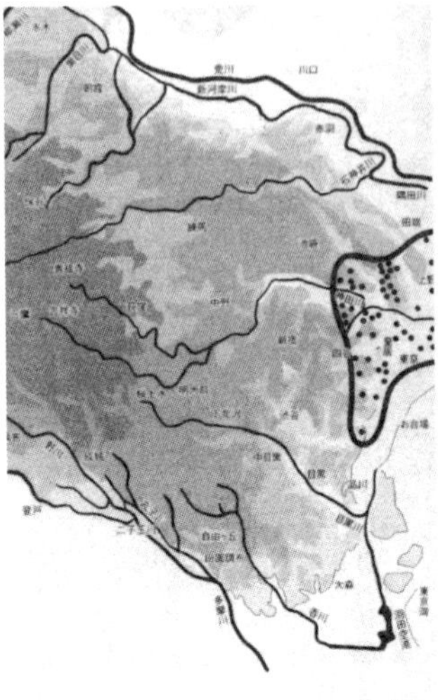

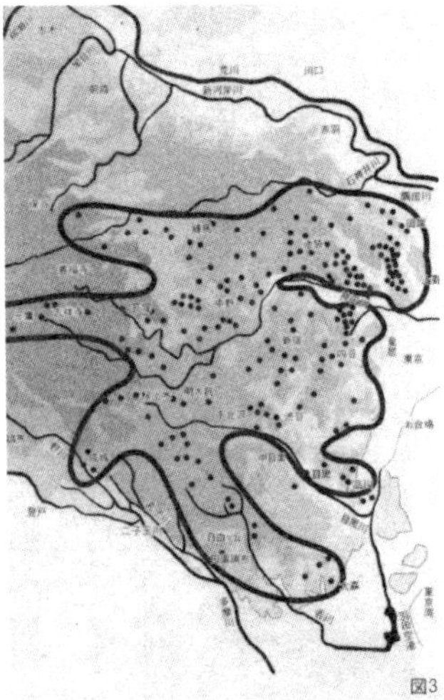

图 8－2 东京帝国大学教授住宅分布图
1887 年(明治二十年)右上
1923 年(大正十二年)左上
1943 年(昭和十八年)下

(资料出处：高田宏等《从居住者分布看"山手圈"的扩大》,收录于岩渊润子、HighLife 研究会、山手研究会合编《东京的山手大研究》)

---

1 东京帝国大学：今东京大学的前身,日本最早的国立大学,也是亚洲创办最早的大学之一。始建于明治十年(1877 年),昭和二十四年(1949 年)改为现制。

十年(1887 年),东京帝大的教授不仅住在大学周围,也住在所谓的"下只角"。到了大正十二年(1923 年),中野、中目黑等山手线西侧一带的住宅区逐渐扩大,至昭和十八年(1943 年),更是一下子向西扩展到了荻窪、吉祥寺、三鹰、明大前、成城、自由之丘、田园调布,第三山手圈成了东京帝国大学教授的聚居地,并且也成为众多中流工薪阶层居住的地方。山手圈逐渐呈现出大众化的趋势。

上世纪 70 年代至 80 年代,作为日本中流社会论的重要人物之一,村上泰亮在《新中间大众的时代》中阐述道,所谓中流阶层,就是在经济方面"谈不上富有,但拥有能维持一定生活水准的收入和财产",在政治方面"拥有选举权"、"在行政机构、民营企业、地方社区担当某方面管理职务的阶层",他们是产业社会的运营管理所不可或缺的提供和传递信息及知识的专门阶层,在文化方面,他们"接受过高等教育""懂得勤勉、节约、尊重家人,具有计划性、效率性和责任感等适应产业化的特质"。换句话说,"所谓中流阶层,无非就是代表资本主义实质文化的领导阶层""这个定义不仅适用于日本,而且适用于所有的产业社会"。

村上泰亮还写道,说起这个中流阶层,如果以日本为例,相当于战前东京的"山手阶级"。构成山手阶级的主要阶层包括官吏、公司职员、教师、专业技术人员、医生、小企业主等,他们毕业于大学或是专科学校,平时有读书看报的习惯,住着有西式客厅的住宅,雇着女佣,上下班穿着西装,言谈举止颇有教养,还孕育出一种被称作"山手式语言"的说话方式。这正是一般人对于住在第二山手圈和第三山手圈的中流阶层的印象。

然而"二战"之后,山手圈逐渐变得大众化了。多摩丘陵被铲平开发成新的居住地，建设起了许多住宅。伴随着经济的发展，越来越多的日本国民进入中流阶层，他们购置家电、买车、买房，每个人都切实感到自己已经成了中流阶层的一员。如果有谁在东京郊外买房子，那么自己和别人都会觉得他确实属于中流阶层。

东急田园都市线沿线的"上流化"

就这样，人们大批迁居到郊外，他们将自己视为中流阶层的一员。特别是第二次生育高峰以后出生的世代，一生下来就在郊外中流阶层的环境中长大成人。但是，如果从阶层化的观点来看，那么在哪个郊外出生并长大或许就将决定他究竟是不是真的属于某个阶层。

根据前述的"欲求调查"，让我们来看看居住在不同地区的团块次代的阶层意识（见表8－1）。由于调查选取的样本数量较少，所以只能当作参考。

表8－1 居住在不同地区的团块次代的阶层意识

（%）

		n	上	中	下
男性	东京都23区	30	6.7	40.0	53.3
	三多摩地区	9	11.1	33.3	55.6
	横滨市、川崎市	17	29.4	35.3	35.3
	神奈川县除横滨川崎以外的其他地区	8	12.5	37.5	30.0
	埼玉县	19	27.3	45.5	27.3
	千叶县	17	5.3	63.2	31.6

续表

		n	上	中	下
女性	东京 23 区	29	20.7	41.4	37.9
	三多摩地区	10	13.3	40.0	46.9
	横滨市、川崎市	16	20.0	73.3	6.7
	神奈川县除横滨川崎以外的其他地区	9	22.2	55.6	22.2
	埼玉县	19	21.1	31.6	47.4
	千叶县	17	5.9	70.6	23.5

资料出处：Culture Studies 研究所、e-FALCON 共同实施的“欲求调查”

男性中，居住在横滨市、川崎市及埼玉县的人群里属于上流阶层的比例较高。女性的“上流”比例与男性相比虽没有显著的差别，但其中流阶层所占比例高达七成，而下流阶层的比例则非常低，这就意味着住在横滨、川崎的人阶层意识相对较高。因此，居住横滨、川崎的人整体上阶层意识较高，也成了男性和女性共同的特征之一。

再根据“第一次女性阶层化调查”来进一步观察 33—37 岁这个年龄层，可以清楚发现以下倾向（见表 8－2）：

表 8－2　居住在不同地区 33—37 岁女性的阶层意识

（%）

	n	上	中	下
东京 23 区（东部）	41	22.0	34.1	43.9
东京 23 区（西部）	91	20.96	46.2	33.0
东京都其他地区	58	3.4	55.2	41.4
横滨市、川崎市	75	8.0	57.3	34.7

续表

	n	上	中	下
神奈川县除横滨川崎以外的其他地区	55	3.6	45.5	50.9
埼玉县	98	11.2	46.9	41.8
千叶县	82	4.9	48.8	46.3

资料出处：Culture Studies 研究所、读卖广告社共同实施的“第一次女性阶层化调查”

在东京都23区的居住者中，居住在东部的该年龄层女性属于上流阶层的占22%，尽管只比东京23区西部的上流阶层比例略微高出一点，但呈现出人数逐渐增多的趋势。

不过，虽然居住在西部的下流阶层人数仅有33.0%，但在东部却多达43.9%。可以说东部已经出现了“上流”和“下流”两极分化的现象。其中的原因在于东京23区东部向来就是蓝领阶层聚居的地方，而近年来搬入该区域高层住宅的上流阶层人数也在逐渐增加。

与东京都23区西部一样，居住在横滨市、川崎市的下流阶层人数也不多，占33%～35%。虽说上流阶层只占8%，但人数最多的中流阶层所占比例竟高达57.3%。“上流”和“下流”少，“中流”居多，这种倾向与三多摩地区的情形是相同的。

令人稍感意外的是，埼玉县的居住者中上流阶层的比例较想象中的要高，占到了11.2%。不过从笔者以往的调查经验来看，埼玉县居住者的阶层意识近年来确有上升的趋势，如此也就不足为奇了。因为埼玉县范围很广，像住在浦和市、大宫市一带的人，其阶层意识与东京23区不相上下，也是“上流”者居多。

东京本地以外的人难以进入上流阶层

接着我们再根据“欲求调查”的结果，来看看出生于不同地方的人的阶层意识有何差别（见表 8－3）。这部分调查选取的样本数量比较少，所以也权作参考。

表 8－3 出生于不同地方的团块次代的阶层意识

（%）

		n	上	中	下
男性	东京都 23 区	21	4.8	42.9	52.4
	三多摩地区	9	11.1	11.1	77.8
	横滨市、川崎市	16	31.3	37.5	31.3
	神奈川县除横滨川崎以外的其他地区	6	—	50.0	50.0
	埼玉县	13	15.4	53.8	30.8
	千叶县	10	10.0	40.0	50.0
	其他地区	25	8.0	40.0	52.0
女性	东京都 23 区	29	27.6	37.9	34.5
	三多摩地区	4	25.0	25.0	50.0
	横滨市、川崎市	11	18.2	72.7	9.1
	神奈川县除横滨川崎以外的其他地区	6	16.7	66.7	16.7
	埼玉县	16	25.0	43.8	31.3
	千叶县	9	—	44.4	55.6
	其他地区	25	4.0	68.0	28.0

资料出处：Culture Studies 研究所、e-FALCON 共同实施的“欲求调查”

出生于横滨市和川崎市的团块次代男性，属于上流阶层的较多。可以说在横滨或川崎出生并且现在仍然居住在那里的男性，具有较高的阶层意识。

此外，出生于东京都23区的人属于上流阶层的不多，而出生在三多摩地区的人绝大多数属于下流阶层，个中的原因却无从知晓。

另一方面，出生于首都圈一都三县的团块次代的女性大约有两成左右属于上流阶层，但出生于东京以外的属上流阶层者就非常少。对于女性来说，出生于东京一都三县似乎有助于她们的阶层意识高扬。

但是，出生于东京之外的地方的女性，属于下流阶层的却很少。这可以解释为能够特地把女儿从其他地方送到东京来，这样的家庭无疑具有一定的经济实力。或许她们在当地本属于上流阶层，来到东京后就成了中流阶层。

综上所述，可以肯定的是在东京郊外，特别是横滨市、川崎市出生并长大的这个背景，对于现在的团块次代的阶层意识有着正面影响。可以说以东急田园都市线沿线地区为中心的第四山手圈，正在逐渐演变为团块次代的上流社区。

回归都市中心与“郊外定居时代”的开始

近年来，回归都市中心的潮流可以说是方兴未艾，但从语言的微妙含义来看，“回归”一词和实际状况稍有不符。因为现在都市中心所增加的人口，恰恰是有“郊外世代”之称的以团块次代为中心的年轻阶层。当然，尽管出生在东京市中心的23区内，但很有可能家里马上就搬到了郊外，若是那样的话，这批年轻人现在也算是“回归”了。

从1995年到2004年，由于东京都中央区兴建了大规模的高层住宅，人口从75000人增加到了91500人左右，其中出生于1963—1975年的人就增加了8500人。由于他们的孩子，也就是在1991—2003年间出生的人数也增加了9000人，所以中央区年轻家庭的人口大概共增加了17500人。

同样，东京都港区增加了约6000人，江东区增加了13000人，都是在1963—1975年期间出生的，那就意味着以团块次代为中心的两代人正在东京的都市中心不断增加。尽管不清楚他们是否应该归入“胜组”的范畴，但可以说收入比较高的阶层正在向都市中心“回归”。

然而，因为是将原本人数较少的中央区等地的人口数当作分母来计算，所以增加的部分就显得非常醒目。其实正确的情形应该是，在郊外出生并长大的团块次代基本上不会再回到都市中心。

根据统计数据，大概自1984年开始，流入东京都内的人口与在东京都内流动的人口大致相同。虽说周边的三个县到目前为止流入人口较多，但神奈川县从1994年之后，在县内流动的人口已经超过了外来流入人口，千叶县和埼玉县近年来也逐渐呈现出此种趋势。

也就是说，从东京市中心迁往郊外居住的时代已经结束，眼下正进入人口在各个县内流动的时代，也即是“郊外定居时代”的开始。

团块次代中八成人口今后仍将居住原地

为了进一步验证此种趋势，Culture Studies 研究所接受日本“居住环境研究所”的委托，对其实施调查所取得的数据进行了重新统计。

本次调查的对象为居住在首都圈一都三县、在 2003 年时年龄为 27—33 岁，也就是 1970—1976 年期间（相当于第二次生育高峰期）出生的男女，主要询问从现在起的五年至十年后，即 2010 年左右他们会居住在哪里。选取的样本数为 700 人，将一都三县划分为 14 个区域，由于对不同地域的抽样比例分配得相当精密，所以统计结果的可信度应该是相当高的。

以地域划分为基准，对今后五至十年第二次生育高峰期出生的一代人究竟会居住在哪里进行了预测，详情如表 8 - 4 所示。

例如被调查者中目前有 73 人居住在横滨，但可以看到其中 65 人在 2010 年仍然会住在横滨；有 49 人现在居住在埼玉县的中心，也就是浦和市和大宫市一带，但到 2010 年仍然住在那里的人减少至 41 人。

目前居住在 23 区中部的有 27 人，将来则可能达到 29 人，虽然只增加了两个人，但由于实际人口是抽样调查数的大约 6000 倍，所以实际将会增加 12000 人。在 23 区中部，仅团块次代就增加 12000 人，可见增加的幅度是相当大的。不过这是以原本人口较少的都市中心为分母得出的结果，如果将郊外人口

表 8-4　2010 年左右会居住在哪里?

（单位：人）

		2010 年左右的居住地															
		1. 23 区中部	2. 23 区西部地区	3. 23 区东部地区	4. 三多摩地区	5. 川崎市	6. 横滨市	7. 横滨・川崎以外	8. 千叶县中部	9. 千叶县北部	10. 房总半岛	11. 埼玉县东北部	12. 埼玉县中部	13. 埼玉县西南部	14. 埼玉县西北部	其他地区或不清楚	总计
2003 年时的居住地	1. 23 区中部	20	4	1					1				1				27
	2. 23 区西部地区	5	71	1	1	1	5	1	1			1			1	4	92
	3. 23 区东部地区		1	57					2			1	1				62
	4. 三多摩地区	2	5		62		2	1	1			1		1	1	3	79
	5. 川崎市		1	4	1	23	1		1								31
	6. 横滨市		1	1	3		65		1					1		1	73
	7. 横滨・川崎以外		1	2			5	64	2	1							75
	8. 千叶县中部	1	1	1	1		1		55		1	1	1			1	64
	9. 千叶县北部	1		1		1	1		2	25							31
	10. 房总半岛										26						26
	11. 埼玉县东北部			1	1				1			25	3			1	32
	12. 埼玉县中部		2	1		1	1		1		1		41			1	49
	13. 埼玉县西南部		2											31	3		36
	14. 埼玉县西北部												4		17	2	23
	总计	29	89	70	69	26	81	66	68	26	28	29	51	33	22	13	700

资料出处：Culture Studies 研究所根据“居住环境研究所”的调查数据进行的重新统计

数作为分母来计算的话，则不仅不会向都市中心移动，甚至向本县内其他地域移动的态势也几乎看不出来。

事实上，在这 14 个地域平均有 83% 的人今后仍然会住在同一地域，例如从埼玉县西南部搬到埼玉县中部的人数为零。据此将首都圈一都三县的数据进行加权后重新统计，竟有多达 90% 的人回答今后仍将会居住在原地，而且大多数人都表示，即使要搬家也只会在现在所住地方附近的范围内。也就是说大宫的人不会搬到春日部去，狭山的人不会来浦和，厚木的人也不会迁到横滨来。大多数人已经将居住范围固定在了目前所住地方沿线的地域内。

居住地为什么会变得如此固定化呢？因为到团块世代为止，许多人在年轻的时候从其他地方移居到东京等大都市圈。但上世纪 60 年代出生的人当中，从一开始就住在大都市圈的人数大为增加，他们属于父母那一代就来到大都市圈并一直在那里定居的世代。

而一大批团块次代的人是在郊外长大的，对他们来说郊外就是自己的故乡。不过那样的话，人们就不会拼命想要从各地来到东京。或许是以为从郊外很快就可以到都市中心，但不少人其实从小学到中学念的一直都是郊外的公立学校，直到上了大学才终于来到都市中心。非但如此，由于大学也在不断向郊外迁移，因此即便上了大学也还是不怎么去都市中心的人并不少见。

高中毕业后就参加工作的人，愈加离不开自己居住的地方。现在郊外也有豪华的百货公司和时装商厦，所以没有必要特地去都市中心购物，于是便诞生了“当地一族”。“当地一族”的价值观就是在郊外这样的“村子”里过着无忧无虑的生活。

郊外社区化、“当地一族”与互联网

不过这种状况并不是自然形成的，而是因政府的相关国土政策诱导而产生的。1985 年，日本国土厅颁布了“首都改造计划”。该计划的主要内容就是，由于东京市中心的功能过于集中，因此准备将一部分功能分散到郊外，拟定中的分散区域为东京都的立川、八王子，神奈川县的横滨、川崎，以及埼玉县的大宫、浦和，并准备将千叶县的千叶市发展成区域行政中心城市。此外，再将三县内的厚木、平塚、横须贺、青梅、所泽、川越、东松山、熊谷、成田、柏、船桥、东金和木更津扩充为副中心城市。

该计划目前可以说是正在圆满实现之中。也就是说，居住在所泽一带的人可以不必去东京，也照样能够在当地的西武百货公司、专门针对年轻人的时尚之都“PARCO”或者“吉之岛”等大型百货连锁店里购物，使得在所泽生活变得十分便利。即使是百货商店里买不到的东西，也可以通过上网来订购。

二十年前，大宫的百货商店只有一家老旧的“高岛屋”，如今有了“LUMINE”“崇光”等各式各样的大型百货商店。所以如果你去大宫进行实地调查的话，就会发现上尾的女高中生只在大宫购物，她们已经不再去东京池袋之类的繁华商业区，因为嫌那里的人太多；住在厚木的人只去町田，也不会去新宿这样的闹市区。在某种程度上，郊外已经逐渐形成一种独立而又完备的状态，这样，在郊外长大的年轻人当然就会喜欢自己居住的地方，完完全全变成“当地一族”。

此外，在都市中心就业的人数已经日渐减少，而另一方面，郊外区域中心城市的就业人数则在逐步增加。虽然还只是初露端倪，但在郊外居住、在都市中心工作的时代已经开始向在郊外居住、在郊外工作的时代转变了。

像这样在郊外出生和长大的年轻人，他们上学、购物、就职的地点也都在郊外，这也正是町田、大宫、柏等郊外商业中心近年来颇具人气的原因，毕竟不用特地到新宿、池袋或是上野，生活中的各种需求就都能够得到满足了。

正因为这个原因，现在零售业销售额增加的区域大多是在郊外。图 8－3 显示的是首都圈的零售吸引力上升率。所谓零

图 8－3　首都圈的零售吸引力上升率(1988—2002 年)

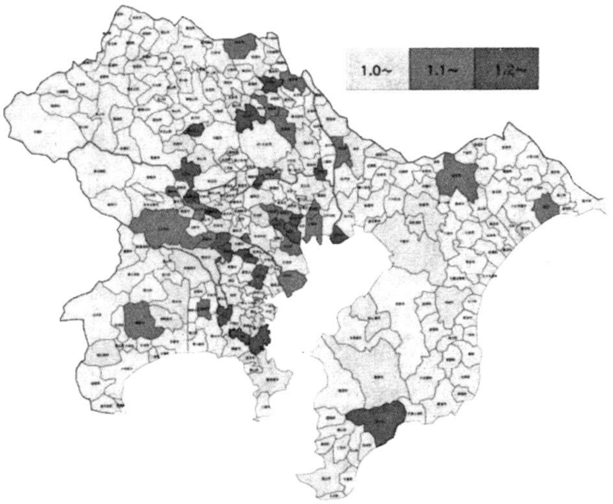

资料出处：数据源自日本经济产业省的“商业统计”，由 Culture Studies 研究所绘制

售吸引力，是指以某个广域地区的人口为分母，再以该地区的零售业总销售额为分子，将两者相除后得到的数值作为参照，来分析该区域中某个特定地区的聚客能力的指标。如果某地区的零售吸引力高于100（例如110），就表示该地区从邻近的市镇争取到了客户；相反，如果零售吸引力为90的话，那就是意味着地区内的客户被别的地区夺走了。

我们来对1988年与2002年的零售吸引力上升率进行一番比较。零售吸引力上升的地区，在都市中心的仅有东京都千代田区、港区和涩谷区，其余则都在郊外。在吉祥寺、世田谷、目黑以及调布等地，客户在一点一点被夺走，足立区、江户川区、练马区、板桥区的客户也在不断流失。概而言之，都市中心和郊外16号国道沿线以外的地区，再者是有高速公路出入口的地域，零售吸引力呈现出上升的态势。

换句话说，就算不去都市中心也没有关系。在立川既有"高岛屋"，也有"伊势丹"，原宿最有人气的流行名牌"UNITED ARROWS"在郊外立川的商业街也能找到，反而在市中心的吉祥寺却见不到它们的踪影。郊外正在逐渐脱离都市中心而独立发展成为富有特色的区域商业据点。

所以，春日部的人想继续居住在春日部，厚木的人想继续居住在厚木，柏那个地方的人也愿意继续住在当地。从某种意义上来说，只不过是一部分"胜组"的人士为了独自一人生活，或者过"丁克"生活，才搬到都市中心去住。

当然，如果今后东京市中心的港湾地区大量超高层住宅全部建成的话，情况将会变得如何还很难预料。但从前述"居住环境研究所”的调查结果来看，就算是比较喜欢高层住宅的团块次代，头脑当中也还是根深蒂固地想要拥有带庭院的独栋建筑，特别是有计划生育孩子的人更是如此。因此，即便简单地从郊外团块次代的人口没有减少，再加上他们所生的孩子这一点来说，团块次代的人口以及家庭数量依然会以郊外为中心不断增加。

取代地球村的“村子”

这本身看上去是一件幸福的事情。不过，居住地固定化的趋势终究还是跟阶层化的问题联系到了一起。

比方说，一旦习惯了郊外安稳的生活，就会丧失离开那里的勇气，觉得能够过着这样无忧无虑的日子也不错啊。然而这真的是件好事吗？

在当地高中毕业后便结束学业的年轻阶层，跟进入大学继续深造的人或是从初中、高中开始就在东京都内念私立学校的人相比，他们的生活或许与当地有着更为密切的关系。长此以往，可能他们接触的人也会变得固定化，就算结了婚也还是会住在父母家附近，几年之后，兄弟姐妹相继有了自己的房子，并且都有了下一代，可他们会依旧以父母家为中心全都居住在附近。

居住地固定化，接触的人也固定化，加之团块次代中越是下流阶层的人群越是依赖手机和互联网等助长自闭的“现代玩具”，这与其说是麦克卢汉[1]所提倡的地球村时代，还不如说是退回到了以往的村子里。

照此下去，始终只与相同的朋友接触的年轻人，与过去居住在狭小村子里的农民没什么两样，甚至可以认为他们就是现代社会里的“新农民”。村子或者农民并没有什么不好，可一旦被固定在那里，并且怡然自得于这种封闭的状态，那就出问题了。

西武池袋线的学生不去池袋

笔者在西武池袋线沿线练马区内的某所私立大学担任兼职讲师的时候，曾经询问过大约十个学生家住哪里，结果颇令人吃惊。记得大概有4个人与父母一起住在埼玉县内的池袋线沿线地区，其中有两个还是高中同学，其余的人多数住在茨城县和多摩新城，住所在东京都内的只有两个，分别住在江户川区和文京区，还有一个则住在神奈川县。

也就是说，即使上了大学，居住地也受到很大的限制。一流大学聚集着来自全国各地的学生，在这方面还具有多样性。然而如果是二流以下的大学，别说是特地从各地前来入学的学生少，就连越过各铁道沿线来入学的学生也很少。因而这些学校的学生，很多都住在同一个县内，或者是住在同一条铁道沿线。

---

1 Herbert Marshall Mcluhan 赫伯特·马歇尔·麦克卢汉（1911—1980）：加拿大传播学者、思想家。早年求学于曼尼托巴大学，1943年负笈英伦，获剑桥大学英语文学博士学位，以后在多所大学执教，后期任多伦多大学文化与技术研究所所长。1964年出版《理解媒介》一书，提出“地球村”“信息公路”“信息时代”等概念。

笔者还记得,在港区和横滨市里的私立大学询问学生的住所时,他们多半说自己住在神奈川县。

虽说住在家里也没有什么不好,但是像大学这样的社会化的学习场所,本来不就需要具备多样性吗?既有来自东京山手圈内的富家子弟,也有从偏远地方来的贫寒学生,这样才能体现出大学作为社会缩影的意义。如今大学里已经没有贫寒的学生,只是聚集着住在同一铁道沿线新兴住宅区里的中流阶层的学生,大学生活再也不像以前那样充满刺激。

尤其令人惊讶的是,练马的大学生放学后很少有人会到池袋去,因为他们平时只是学校和家里两点一线,所以不会去池袋,更不用说去新宿这样的地方了。

笔者也是出生于地方小城的人,因而很能理解这种情况。其实在笔者的学生时代,期盼在东京大街上蹓跶的都是出生于地方小城的人,东京的大街在他们眼里全都视如珍宝,而且他们有一种对东京一无所知的劣等感,所以只想一古脑儿地逛遍东京的每个角落。但如果去问一下出生于东京的人,就会知道他们几乎不去自己家里沿线以外的地方,住在东横线一带的人不去池袋,也不常去吉祥寺,这是很平常的事情。因此,练马的大学生并没有什么异常之处,他们两点一线的生活也是很平常的。

不过,话说回来,笔者有时还是会对一直居住在父母家沿线并且满足于这种状态的现象感到相当疑惑。

为什么在20世纪60年代及70年代,年轻人的文化曾兴盛一时呢?其原因并不是年轻人自身充满了了不起的活力,而恰恰是因为当时东京等大都市聚集着众多来自全国各地的年轻人，不同的价值观在那里相互碰撞，进而形成充满活力的文化。

在“缩小的世界”里不经意间筑起“傻瓜的围墙”

在东京郊外相同的住宅区出生，在相同的中流家庭里长大，有着相同的价值观，这样的年轻人不断增加，缩小了与不同阶层的人发生碰撞的可能性，也就不太可能产生出新的文化，这就是所谓“世界缩小”了。

诚然，互联网使得相距遥远的地方也能在瞬间互通讯息，这在某种意义上是将广阔的世界缩小了。但与此同时，不可否认的是，互联网也使得人们减少了与他人见面的次数，还缩短了人们行动的半径，从而将真实的世界缩小了。换句话说，人们日常生活中的世界原本就已狭小，如今则面临着进一步缩小的危险。

简单一句话，那就是“井底之蛙”在不断增加。正如养老孟司在他的超级畅销书中所阐述的那样，互联网本是人们面向世界的一扇窗（Windows），但有时却也会形成一道“傻瓜的围墙”，因为只一味地相信世界由此真的变小了，而想不到它渐渐将人们与外面的世界隔绝了，岂不是傻瓜么？倘若人们只同与自己志趣相同的人来往，以为大家同属中流阶层，都是平等的，而将他人拒之门外，这样即便是在同一阶层中，也会不知不觉间进一步扩大阶层差距。

电影《楚门的世界》尖锐地批评了美国的郊外消费文化，主人公楚门乘坐的小船最后撞到的“海洋天堂”的墙正是“傻瓜的围墙”。人们生活在人工建造的舒适环境当中，从未觉察到自己周围的世界里存在着围墙，而围墙的外面才是真正的世界。

就像黑泽明的电影《天堂与地狱》中所描绘的，从“下只角”的河畔街道仰望山丘上的豪宅，会感受到社会的矛盾，引发对社会问题的思索，而那样的机会在一个人年轻的时候是十分必要的。

柏林墙是在一夜之间建成的，可正因为它真实地建在那里，任何人都会注意到它的存在，也就会对它采取处置的措施。如今这道“傻瓜的围墙”是在不知不觉间构筑起来的，它早已建成，却很少有人觉察到它的存在，只是沉溺于困在围墙内的舒适生活。这道“傻瓜的围墙”或许也会变成一道“下流的围墙”吧。

结束语

防止下流社会化的“机会恶平等”

“工作上流”与“悠闲下流”的分裂

今天坐电车的时候，有个年轻男子坐在身旁狼吞虎咽地啃着“麦当劳”的汉堡包。这个穿着T恤、懒得刮胡子的年轻人，究竟是靠什么来生活的呢？随意躺倒在街上或是火车站里的年轻人并不少见，而且不是在晚上，而是在白天或者早上。在“扒金窟”的门口，一大早就有年轻人坐在那里等着开门。近来每每看到这样的人，总会不由自主地想这会不会就是所谓的NEET一族？

他们是否想到过，与自己属于同一世代的年轻人，此刻正穿着西装在工作？也许他们觉得，我就是讨厌过那样的生活。或者反过来，穿着西装工作的年轻人，对自由打工族或NEET一族又会有什么看法呢？或许他们也会觉得，我才不想过那样的生活，或者是我也想过那样的生活？

在阶级分明的英国，如果说到“我们和他们（us and

them)”,那就是指劳动者阶级和统治阶级。而在日本,自由打工族或 NEET 一族与在大企业里工作的白领阶层,也已经成为类似于“我们和他们”这样的关系了。

这就产生了一个问题:上流阶层对下流阶层懒散的生活方式究竟能够容忍到何种地步?这样的问题渐渐浮上台面。上流阶层或许已经不再向往下流阶层那种自由自在的生活方式,而是否定那种自甘堕落、毫无责任感的生活方式。

多样化的国家还是四分五裂的国家?

嘴里说着按照自己的价值观生活有多么重要,但不做任何努力、做事半途而废的人,再过 5 年、10 年,到了三十多岁、四十多岁的时候,会变成什么样子呢?这是一个大问题。

当然,三十多岁自由打工族人数的增加可能只是过度期,但到了四十多岁仍旧做事半途而废的人终究是要被淘汰的,最后剩下的是那些真正坚持自己的价值观,并且能以独有特性为武器工作赚钱的人,这种可能性并非不存在。到了那个时候,日本或许会成为一个非常多样化而又丰盛的文化大国。

但是,在残酷的生存竞争中败下阵来的人们,以后是否能够在努力追寻自己的梦想而得到满足感的同时,找到固定的工作,过上即便“下流”也快乐安定的生活?还是像山田昌弘教授所忧虑的那样,一边经受着梦想破灭之后失败感的折磨,一边只能无力地维持生活,成为真正沉沦到社会底部的下流阶层?这或许是日本今后不得不认真面对的大问题。

笔者曾经亲身经历过这样一件事情。有一次笔者领着某家大企业的设计师和负责产品开发的人走在颇受年轻人青睐的下北泽的街道上,目的是为了亲身感受一下年轻人的气氛。

但走着走着,那两个人中的一个突然怒气冲天。

原来下北泽有个特点:商店街上的店门很晚才开,上午11点钟开门已经算是早的,很多商店要到12点钟甚至下午1点钟才开始营业。那里的店员大多是打零工的,来这里的年轻人也大多是打工族。所以白天的时候整条街上毫无生气,感觉就像是在昏睡中。

白领女性风风火火走过坐在"扒金窟"门口的男性面前

那个人为此非常恼火:我们每天都在辛苦工作,每天都要加班到很晚,可这些家伙究竟在干什么呢?!他说着说着竟中途返回了。

这不单纯是做事顶真的人与懒散闲荡的人之间的对立,或许也是身为正式雇员且工作认真的中流阶层与身为非正规就业者、习惯懒散生活的下流阶层之间的对立。或许将来总有一天,上流或中流阶层会变得不再去考虑下流阶层的事情,就如布什不会去考虑伊拉克平民百姓的生活一样,不,他也许连美国失业者的心情都懒得去理会。

少数精英分子为国家创造财富,而众多的社会大众则消费国家的财富,过着"唱唱跳跳"快乐无忧的生活。小泉纯一郎、竹中平藏的经济政策本来是着眼于扩大国内需求,也就是说,是以扩大阶层差距为前提的,但是失业率 5%、在年轻人中更是高达 10% 以上的状态一旦成为社会常态,每年有将近 4 万人自杀,这还能称得上是快乐无忧的生活吗?

然而在日本国民当中,认为应当矫正阶层差距的人正在日渐减少(据日本内阁府"国民生活偏好度调查"),认为阶层差距的扩大在所难免的人却在不断增多。由此可见日本国民已经开始倾向于不努力就得不到回报的差别化社会模式,而不再选择努力和不努力结果都一样的"结果恶平等"的社会模式。

为了防止阶层的固定化?

但是,那些人应该也不希望阶层差距被固定化吧?他们不会认为父母"下流"孩子也只能"下流"的社会是理想的社会。因此下流社会应该以"机会恶平等"作为整个社会的基本方针,也就是收入越低的人,越能享受到各种各样的优惠待遇。

到目前为止日本仍是一个"结果恶平等"的社会,不管努力与否,也不管有没有能力,在薪水方面几乎没有太大的差距。

在笔者二十多岁成为工薪阶层的一员的时候,工作速度比周围的人快许多,所以很少加班,薪水也拿得少。笔者 25 岁时每个月大概能拿到 25 万日元,可能力差、工作速度慢的人却能拿到将近40万日元。由于工作效率高,笔者逐渐承担起更多的职责,28岁那年当上了杂志总编。本来科长或是部长应该做的工作交给了一个28岁的普通员工,但薪水仍然与普通员工一样,甚至比工作速度慢、加班费多的年轻职员还拿得少。

这就是由“结果恶平等”造成的“结果逆差”现象。

这种现象是不合理的,应该实行“结果不平等”的成果分配方式,来达到结果上的平等,近十五年来颇为盛行的成果主义风潮正是在这样的背景下掀起的。但是,如果彻底实行成果主义,收入差距只会更加扩大,长此以往阶层的差距会变得固定化,也就不可能实现真正的机会平等。

比较典型的是教育的机会,上流阶层可以接受良好的教育,但下流阶层却无此可能。如果父母是上流阶层的话,孩子也很容易就能成为上流阶层,反之亦然。

为了防止阶层差距的固定化,有什么事情是必须要做的呢?那就是更加彻底地实现机会均等。

完全的机会均等,就是消除由父母的财力、职业、地域等孩子自己无法选择的外在环境的差别所造成的一切不平等。就算父母很贫穷,没有很高的学历,从事的又是地位很低的职业,也即便教育观念不正确,缺乏活力,住在大多数人都是低阶层同类人的地方,但只要孩子有能力,再怎么高等的教育都应该让他接受,再怎么高位的职业也都可以让他去从事。在机会完全均等的社会里,不存在因为阶层不同而产生的不平等现象。

但是,这种机会完全均等的论调里也包含着难以解决的问题。也就是说,如果机会完全均等的社会一旦成为现实,那么结果的差别就将完全归因于个人的能力，这样的社会不是过于残酷了吗？

你的成绩不好，不是因为父母贫穷、学历低，而是因为你的脑子不好使，你本身的性格当中就没有学习或工作的欲望，除此之外找不到任何借口，追根究底，甚至有可能将原因归咎于因遗传因子不好而头脑不灵、缺乏活力。这种过分强调优生的思想是非常危险的。近年来电视节目中兴起的“头脑热”“IQ热”并非不能说成是裹了糖衣的优生思想。

所以，机会均等固然重要，但相比之下更应当首先去做的也许是“机会恶平等”。

具体来说，可以分为以下五个方面。

(1)“穿靴式”入学考试

父母所属阶层低的孩子，有学习能力低下的倾向，如果那不是因为遗传，而是由于家庭环境造成的，那么在大学入学考试时，最好能将低收入家庭子女的合格分数线适当降下来，这就是所谓“穿靴式”的入学考试方法，即将他垫得高一点，助其一臂之力（当然也可以把高收入家庭子女的合格分数线适当提高）。

这种针对低收入者的“穿靴式”入学考试方式，首先在大谈特谈阶层差距的扩大、固定化问题的佐藤俊树、苅谷刚彦还有橘木俊诏等诸位先生任教的东京大学和京都大学实施如何？如果实在做不到的话，就应该像漫画《龙樱》里描写的那样，将更多具备教学能力的优秀教师选送到素质较差的中学里去。

(2) 东京大学实行学费免除

近年来国立大学的学费逐渐上涨。笔者读大学的时候,学费从每年2万5千日元涨到5万日元,就引起了民众的骚动,但如今的学费已经涨到了50万日元以上。国立大学理应以培养对国家有用的人才为己任,可现在为什么会专门打学费的主意、越收越高?笔者对此完全不能苟同。

如果无法将所有国立大学的学费降到原来的水平,那也可以仅限于在公认的一流国立大学实行学费全免制度,或是低收费制度。换句话说,就是从东京大学或京都大学开始实行学费全免。

如果那样做的话,放弃进入一流大学的下流家庭的孩子,还有地方上犹豫着是否要去东京的孩子,就都能得到努力学习的机会。再加上实行“穿靴式”的入学考试,这部分孩子进入一流大学学习的机会还可能会更多。

一旦考试合格,接下来就要靠本人的努力了。如果好好用功的话,可以进入大企业或中央政府机构工作,还有机会成为医生、税务师或者会计师,交友圈子也会扩大,因而阶层上升的机会大为提高。所以我们应当优先向下流阶层的人提供这样的机会。

当然,免除所有大学的全部教育费用是最理想的,除此以外,还可以考虑对低收入家庭用于课外补习的费用实行征税减免。

如果学费过高,年轻人考入大学后离开父母独立生活也会变得困难，结果就造成“寄生族”不断增加，使年轻人在精神上和经济上都无法自立。因此，免除学费也将有助于年轻人自立。

(3) 大学教育互联网化

一流大学的课程全部通过互联网进行播送，无论在世界哪个角落都能够接收。对于居住在偏远地方的人来说，进入集中在东京的一流大学就读，生活费是相当高的，为此有人不得不放弃升学的念头。实施了互联网教学后，即便学费较高，但不需要再额外支付高昂的生活费用，对于贫困地区的贫困家庭来说无疑是个好消息。互联网教学还有助于发掘地方上有用的人才，这对整个社会也是意义非凡的。

(4) 从地方到东京求学的资金援助

即使普及了互联网教学，但从提升个人阶层的角度来说，还是在东京生活和交友较为有利。因此，不少人迫切希望获得在东京生活的资金援助。

为此，可以考虑由地方政府出资，选拔优秀的、有进取心的人才，补助他们来东京读书和生活的资金。如第八章里提到的那样，从地方小城镇到东京来的年轻人不断增加，不仅有利于增强都市的活力，还有利于促进日本经济与文化的活力。

如果从地方政府的立场来看认为无甚益处的话，也可以尝试制定另一种制度，即先让学生自费在东京读完大学，毕业之后如果回到地方工作，再支付他们所花费的学费。

(5) 上流阶层要尽“高贵者的义务”

在对下流阶层提供“恶平等”机会支援的同时，应当让上流阶层承担与其收入和地位相匹配的义务。最近几年的税制改革对高收入者给予了优惠待遇，尽管他们无须向社会缴纳更多的税金，但以捐赠等其他形式将一部分财富回报给社会应当成为一种共识。

日本经济团体联合会从上世纪90年代开始，就开展了所谓“1%俱乐部”的活动，加盟企业须将利润的1%用于社会公益。与此相类似的，必须在全社会提倡这样一种社会风气：收入达到1000万日元的人捐赠1%，收入3000万日元的人捐赠5%，收入1亿日元的人捐赠10%。对于上流阶层来说，这既是一种高贵的义务，又能提高自己在社会上的名声。

对于出钱的一方来说，与其缴纳那些不知道用到哪里去的税金，还不如采用捐赠的方式将财富贡献给社会，因为捐赠是透明化的，捐赠者可以清楚地知道自己的财富捐给了什么样的团体或个人，开展了什么样的公益活动等。是捐赠给从事环境研究活动的团体，还是捐赠给高龄者支援团体用于高龄护理活动？或者是捐赠给相关的自由打工族对策机构进行青少年教育活动？这不仅能够体现出捐赠者的个性，同时也能够因为得到了社会的承认而产生满足感。

研析“下流社会”的参考文献

(按著者姓名日语发音的五十音序)

◆青木纪　《现代日本“看不见”的贫困》(『現代日本の「見えない」貧困』)　明石书店　2003年

◆今田高俊　《后摩登时代的社会等级差别》(「ポストモダン時代の社会格差」)收录于《日本的阶层构造　第5卷》　东京大学出版会　2000年

◆牛窪惠&“单身者向上委员会”　《“单身者”市场》(『「おひとりさま」マーケット』)　日本经济新闻社　2004年

◆大竹文雄　《雇佣问题分析——差别扩大化与日本的雇佣制度》(『雇用問題を考える——格差拡大と日本的雇用制度——』)　大阪大学出版会　2001年

◆大竹文雄　《日本的不平等》(『日本の不平等』)　日本经济新闻社　2005年

◆太田省一　《分析与现代社会：制度、身体、物语》(『分析・現代社会——制度・身体・物語』)　八千代出版　1997年

◆小仓千加子　《结婚的条件》(『結婚の条件』)　朝日新闻社　2003年

◆小泽雅子　《新“阶层消费”的时代》(『新「階層消費」の時代』)　日本

经济新闻社　1985年
◆加藤秀俊　《中间文化论》(「中間文化論」)(1957年)　《加藤秀俊著作集　卷6》　中央公论社　1980年
◆香山里香　《就职太恐怖了!》(『就職がこわい』)　讲谈社　2004年
◆香山里香　《结婚太恐怖了!》(『結婚が怖い』)　讲谈社　2005年
◆苅谷刚彦　《大众社会教育的未来》(『大衆教育社会のいくえ』)　中央公论社　1995年
◆苅谷刚彦　《阶层化的日本与教育危机——从不平等再生产到意欲差别的社会》(『階層化日本と教育危機——不平等再生産から意欲格差社会へ』)　有言堂高文社　2001年
◆苅谷刚彦　《学力的社会学》(『学力の社会学』)　岩波书店　2004年
◆岸本重陈　《中流的幻想》(『中流の幻想』)　讲谈社　1985年
◆工藤定次&斋藤环　《激论：自我封闭》(『激論！ ひきこもり』)　POT出版　2001年
◆玄田有史　《职场中暧昧不明的不安》(『仕事のなかの曖昧な不安』)　中央公论新社　2001年
◆玄田有史&中田喜文　《裁员与跳槽的机制》(『リストラと転職のメカニズム』)　东洋经济新报社　2002年
◆玄田有史&曲沼美惠　《NEET族：既非自由职业者又非失业者》(『ニート　フリーターでもなく失業者でもなく』)　幻冬社　2004年
◆玄田有史&小杉礼子　《孩子成了NEET族怎么办》(『子どもがニートになったら』)　日本放送出版协社　2005年
◆小杉礼子　《自由职业者：一种生存方式》(『フリーターという生き方』)　劲草书房　2003年
◆小杉礼子　《自由职业者与NEET族》(『フリーターとニート』)　劲草书房　2005年

◆小谷野敦　《美妙的愚民社会》(『すばらしき愚民社会』)　新潮社　2004 年

◆小谷野敦　《"没有女人缘的男人"的回潮》(『帰ってきたもてない男』)　筑摩书房　2005 年

◆斋藤贵男　《机会不平等》(『機械不平等』)　文艺春秋　2004 年

◆斋藤环　《"败者教"的信者们——NEET 族、自我封闭者社会论》(『「負けた」教の信者たち　ニート・ひきこもり社会論』)　中央公论新社　2005 年

◆佐藤俊树　《不平等社会日本》(『不平等社会日本』)　中央公论新社　2000 年

◆佐藤俊树　《00 年代的社会等级差别游戏》(『00 年代の格差ゲーム』)　中央公论新社　2002 年

◆鹿又伸夫　《机会与结果的不平等》(『機会と結果の不平等』)　Minerva 出版社　2001 年

◆白波濑佐和子　《高龄少子化社会中看不见的社会差别：性别、世代、阶层的趋向》(『少子高齢社会のみえない格差ジェンダー・世代・階層のゆくえ』)　东京大学出版会　2005 年

◆铃木谦介　《"嘉年华会式"的社会》(『カーニヴァル化する社会』)　讲谈社　2005 年

◆斯坦尼・巴巴拉　《你想成为百万富婆吗?》(『ミリオネーゼになりませんか?』)　美国发现 21 世纪出版社　2003 年

◆诹访哲二　《越来越自大化的少年们》(『オレ様化する子どもたち』)　中央公论社　2005 年

◆盛山和夫等编　《日本的阶层构造》(『日本の階層システム』)全 6 卷　东京大学出版会　2000 年

◆高桥哲哉　《教育与国家》(『教育と国家』)　讲谈社　2004 年

◆高桥宏　《日本的收入分配与分配差别》(『日本の所得分配と格差』)　东洋经济新报社　2002 年
◆高山与志子　《劳动分工：中流解体》(『レーバー・デバイド　中流崩壊』)　日本经济新闻社　2001 年
◆橘木俊诏　《日本的收入差别》(『日本の所得格差』)　岩波书店　1998 年
◆橘木俊诏　《摆脱自由职业者的社会》(『脱フリーター社会』)　东洋经济新报社　2004 年
◆橘木俊诏编　《被掩盖的不平等》(『封印される不平等』)　东洋经济新报社　2004 年
◆橘木俊诏 & 森刚志　《日本富豪研究》(『日本のお金持ち研究』)　日本经济新报社　2005 年
◆田中胜博　《2010 年：中流阶级消失》(『2010　中流階級消失』)　讲谈社　1998 年
◆波莉・汤因比著　椋田直子译　《体力劳动》(『ハンドワーク』)　东洋经济新报社　2005 年
◆富永健一　《日本的阶层构造》(『日本の階層構造』)　东京大学出版会　1979 年
◆日本内阁府编　《关于青少年社会自立意识的调查报告书》(『青少年の社会的自立に関する意識調査報告書』)　2005 年
◆直井优 & 原纯辅 & 小林甫　《读本　日本的社会学卷 8：社会阶层、社会流动》(『リーディングス　日本の社会学 8　社会階層・社会移動』)　东京大学出版会　1986 年
◆中井浩一编　《论争：学力崩溃》(『論争・学力崩壊』)　中央公论新社　2001 年
◆中村仁　《论争：中流解体》(『論争・中流崩壊』)　中央公论新社

2001 年
◆西部迈　《大众的逆反》(『大衆への反逆』)　文艺春秋　1983 年
◆西部迈　《大众论》(『大衆論』)　草思社　1984 年
◆桥本健二　《现代日本的阶层构造——理论、方法、计量分析》(『現代日本の階級構造——理論・方法・計量分析——』)　东信堂　1999 年
◆桥本健二　《阶级社会：日本》(『階級社会　日本』)　青木书店　2001 年
◆桥本健二　《阶级・性别・再生产——现代资本主义社会机制》(『階級・ジェンダー・再生産——現代資本主義社会のメカニズム』)　青信堂　2003 年
◆林信吾　《新的阶级社会："英国化"的日本社会差别》(『しのびよるネオ階級社会"イギリス化"する日本の格差』)　平凡社　2005 年
◆原纯辅＆盛山和夫　《社会阶层：殷阜之下的不平等》(『社会階層　豊かさのなかの不平等』)　东京大学出版会　1999 年
◆樋浦悟　《萤之光》(『ホタルノヒカリ』)　讲谈社　2005 年
◆樋口美雄＆太田清＆家计经济研究所　《女性的平成大萧条》(『女性たちの平成不況』)　日本经济新闻社
◆樋口美雄＆财务省综合政策研究所　《日本的收入差别与社会阶层》(『日本の所得格差と社会階層』)　日本评论社　2003 年
◆樋田大二郎等　《高中生文化及其发展方向的形成与变迁》(『高校生文化と進路形成の変容』)　学事出版社　2000 年
◆二神能基　《充满希望的 NEET 族》(『希望のニート』)　东洋经济新报社　2005 年
◆村尾泰弘编　《自我封闭的年轻人》(『ひきこもる若者たち』)　至文堂　2005 年
◆村上泰亮　《新中间大众的时代》(『新中間大衆の時代』)　中央公论社

1984 年
◆本田由纪编 《女性的就业与亲子关系：母亲们的阶层战略》(『女性の就業と親子関係 母親たちの階層戦略』) 劲草书房 2004 年
◆本田由纪 《青年与工作》(『若者と仕事』) 东京大学出版会 2005 年
◆丸山俊 《自由职业者亡国论》(『フリーター亡国論』) 宝石社 2004 年
◆三浦展 《新人类,做父母!》(『新人類、親になる!』) 小学馆 1997 年
◆三浦展 《无房一代》(『マイホームレス・チャイルド』) Club House 出版 2001 年
◆三浦展 《1400 万人的团块次代将成为市场的中核》(『団塊ジュニア 1400 万人がコア市場になる!』) 中经出版 2002 年
◆三浦展 《“自然派女性”的时代：女性差别社会的来临》(『「かまやつ女」の時代 女性格差社会の到来』) 牧野出版 2005 年
◆三浦展 《不工作无以发现自我》(『仕事をしなければ、自分はみつからない。』) 晶文社 2005 年
◆三浦展 《团块世代综述》(『団塊世代を総括する』) 牧野出版 2005 年
◆三田纪房 《龙樱》(『ドラゴン桜』) 讲谈社 2004 年
◆宫本美智子 《年轻一代堕落为“社会的弱者”》(『若者が＜社会的弱者＞に転落する』) 洋泉社 2002 年
◆宫本美智子 《后青年期与亲子战略》(『ポスト青年期と親子戦略』) 劲草书房 2004 年
◆森永卓郎 《快活的贫穷主义》(『痛快ビンボー主義』) 日本经济新闻社 1999 年
◆森永卓郎 《年收 300 万的轻松潇洒生活经济学》(『年収 300 万円時代を生き抜く経済学』) 光文社 2003 年

◆山崎正和 《柔性个人主义的诞生》(『柔かい個人主義の誕生』) 中央公论社 1984 年
◆山田昌弘 《寄生社会的趋向——从数据看日本的家族》(『パラサイト社会のゆくえ——データで読み解く日本の家族』) 筑摩书房 2004 年
◆山田昌弘 《期望差歧的社会——“败组”的绝望感将撕裂整个日本》(『希望格差社会——「負け組」の絶望感が日本を引裂く』) 筑摩书房 2004 年
◆劳动政策研究研习机构 《年轻人群就业支援的现状与课题》(『若年就業支援の現状と課題』) 2005 年
◆渡边和博 & Tarako Production 《金魂卷》(『金魂巻』) 主妇之友社 1984 年
◆渡边雅男 《阶级！社会认识的概念装置》(『階級！社会認識の概念装置』) 彩流社 2004 年
◆《学力崩溃——年轻人为什么放弃学习?》(「学力崩壊——若者はなぜ勉強を捨てたのか」) 收录于《中央公论》杂志 2005 年第 4 期

后 记

前几天，我的女儿和儿子学期结束，带着成绩单回家。两人的成绩都不太好，可我并没有怎么不高兴。

女儿以前走读上公立小学，今年春天起进入私立中学，每天坐电车去上学，放学以后还要练习打篮球，一定很累。我想她将来会懂得努力学习的。至于儿子才刚上小学二年级，今后的路还长着呢。

我的父母都有工作，所以我直到上小学二年级，放学后不是回自己家，而是去与祖母住在一起的伯父家，与堂兄一块儿玩。每学期的期末，总是祖母第一个看到我的成绩单。如果成绩很差，祖母就会数落我一通，说要更加用功才行。

祖母是村长的独生女，尽管如此，也只是农家人，除了最低限度的读写之外，没有什么学问。她的字也写得很差，汉字根本就不会写。现在回想起来，虽然祖母性格刚强、思维敏锐，但在那个女子无才便是德的时代，没有学问也并不让人感到奇怪。

我的曾祖父也是个与学历无缘的人，只会最简单的读和写。

可他的头脑特别聪明，在村长的位子上干得很不错，只是苦于不会写文章。他觉得今后没有学问是肯定不行的，于是便卖了田地投资于孙儿的教育。当时处于日本的近代，正是有学问就能安身立命、出人头地的时代，也是通过努力能够进入上流阶层的时代。曾祖父的三个孙儿从大学或女子学校毕业后，全都从事教育工作，伯父后来成了大学里的名誉教授。三个孙儿的子女也都毕业于名牌大学。

由于曾祖父肯花大本钱让孩子读书，所以我自己和家里的亲戚们在学历方面没有什么可遗憾的事情。可不知道是这个原因，还是生来性格如此，我并不太在意自己孩子的学习成绩，更不会看着成绩单说几句要更加用功才行之类的话。女儿在中学里的考试，我从开始到结束都没怎么去关心过。

尽管如此，父母总是会想着该给孩子点什么，这也就是所谓的父母心吧。曾祖父为了子孙卖掉了田地，那么我又能给孩子什么呢？

这样一想，觉得自己身为大企业的管理人员还真不错，孩子向别人说起我的时候会比较容易解释，也不至于有什么自卑感。不过如今对大企业的职员来说，带着家属赴海外工作是理所当然的事情，因此孩子不仅精通英语，还有不少海外的朋友，世界变得开阔了，对今后的人生都会带来很大的好处。我觉得自己无法给孩子创造这样的条件是比较遗憾的，或许我还没有顺利地上升到更高的阶层。

越是上升到高一级的阶层，越是难于确定下一个目标。过去说要掌握学问，那是非常朴素而又坚定的目标，而且有没有学问与经济是否宽裕、物质是否丰饶有着直接的关系。从这个意义上说,现代的年轻人一生下来就享受着丰富的物质生活,当然不会对跻身上流阶层充满强烈的向往,工作和学习的意欲也自然就会减弱。那么,在他们中间为什么既有努力工作的人,又有不愿工作的人呢？还有,过去阶层低的人比起阶层高的人,总是不分昼夜地拼命工作,现在情况变成了阶层越高的人工作越辛苦,而阶层越低的人工作越闲散,甚至有些人根本就不工作。这样的话,那些还在辛苦工作的人,究竟是在为了什么而工作呢?

第一种假设是与阶层有关。越是出身于上流阶层的人,越具有勤勉的生活态度,习惯从有利于社会和国家的角度来思考问题、付诸行动,而越是出身于下流阶层的人,就越懒散,越想过悠闲自在的生活。

第二种假设是与遗传的性格有关,这显然不被社会学者所认可。此观点认为,一种人生来就喜欢工作,另一种人天生讨厌工作。或者也可以理解为:天生不服输、喜欢竞争的人一向追求一流的大学、一流的企业,渴望出人头地、富甲天下;而生性懒散、讨厌竞争的人则根本没有这方面的欲望。小谷野敦就多次提出过与阶层有关的遗传学说(参见《美妙的愚民社会》《回家后不受欢迎的男人》)。

不过这是一个非常微妙的问题,所以希望社会学者今后能够对此进行更深入的研究。毕竟我在本书中介绍的问卷调查抽样数量较少,缺乏统计学上的非偶然性,因此在各章节的标题中多处出现了“?”,意在提醒读者,本书所写的内容有不少还只是假说。希望这些假说能在今后得到更为精确的验证,我自己也会朝这方面继续努力。

2002 年以来，我与株式会社博报堂研究开发局联手进行过数次共同研究，这些研究形成了本书的一大基石。另外，本书还很大程度地灵活运用了 2004 年与株式会社 e-FALCON 共同进行的“昭和四世代欲求比较调查”的第一手数据。这一点，在书中体现得很明显。

2005 年承蒙株式会社读卖广告社赞助而得以实施的“女性阶层化调查”，以及居住环境研究所进行的调查，为本书提供了大量的统计数据。我谨在此向博报堂、e-FALCON、读卖广告社和居住环境研究所的相关人士深表谢意。

此外，我有幸与东京学艺大学教授山田昌弘先生、东京大学研究生院副教授佐藤俊树先生就阶层问题进行过直接的交谈，他们的观点对本书具有很大的参考价值。

最后，还要向光文社新书编辑部的草雉麻友子小姐表示由衷的感谢，正是有赖于她下功夫收集资料、整理图表，才使本书得以提前问世。她那沉着而又热情的工作作风始终令我深受感动。

三浦　展
二〇〇五年八月